혁신의 목격자들

혁신의 목격자들

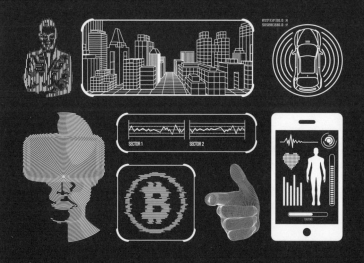

새로운 과학기술은
미래의 비즈니스를 어떻게 바꾸는가

정재승, SK경영경제연구소 기획   오준호, 이민화, 정지훈 외 지음

어크로스

스마트 테크놀로지의 시대,
혁신의 목격자들은 무엇을 보았나

2015년 늦은 봄 금요일 오후, SK경영경제연구소 세미나실에 과학자들과 공학자들이 하나둘씩 모였다. 매달 개최되는 정기 세미나가 있는 날이었다. 인공지능, 생체공학, 자율주행, 뇌공학, 3D 프린팅 등 이른바 '제4차 산업혁명'을 추동하는 스마트 테크놀로지의 전문가 20명이 한자리에 모여 발표를 듣고 전문가적 견해가 담긴 토론을 나누는 자리였다. 물론 그때는 세계경제포럼 클라우스 슈밥 회장이 다보스포럼에서 제4차 산업혁명을 선언하기도 전이었지만 말이다. 세미나 때마다 우리들의 발언은 모두 기록되었다.

그날은 30대 초반의 스타트업 대표가 '핀테크Fintech의 미래'에 대해 이야기를 하기로 예정돼 있었다. '비바리퍼블리카'라는 거창한 이름을 가진 스타트업의 젊은 대표가 앳된 목소리로 발표를 시작했다.

얼굴은 20대로 보일 만큼 어려 보였다.

그는 미국 소프트웨어 개발자 마크 앤드리슨Marc Andreessen의 "소프트웨어가 세상을 집어삼키고 있다Software is eating the world"라는 유명 명제를 인용하며, 아직 정보 기술이 진입하지 않은 '금융 분야'야말로 향후 소프트웨어가 만들어낼 수 있는 서비스가 가장 풍부한 영역이라고 지적했다. '핀테크'는 아주 매력적인 비즈니스 영역이라는 설명이었다.

그의 발표에서 무엇보다 인상적이었던 대목은 '규제는 전혀 걸림돌이 되지 않는다'라는 주장이었다. '정부 규제가 지나치게 중앙정부 중심이고 개별 금융 사업을 통제하고 있어 핀테크가 자리잡기 위해서는 금융 분야에 획기적인 규제 혁신이 필요하다고 많은 사람들이 주장하지만, 실제로 현재 규제의 틀 안에서도 핀테크로 만들어낼 수 있는 서비스는 매우 많다'고 강조하면서, 좋은 아이디어만 있다면 얼마든지 성공적인 비즈니스를 세상에 내놓을 수 있다고 호기 어린 발언을 했다. 혁신에서 중요한 건 사람들이 진정으로 해결되길 원하는 불편이 무엇인지 이해하는 것이며 혁신은 그 '불편함' 속에 있다고 말했다.

평소 '제4차 산업혁명은 규제 혁명'이라고 입버릇처럼 말할 만큼 규제 혁신을 강조해온 KAIST 이민화 교수님이 대번에 반박을 했지만, 이 젊은이는 본인의 뜻을 굽히지 않았다. 아직 자신의 상상력과 아이디어가 정부 규제에 한 번도 구속당해본 적 없는 젊은이처럼, 그는 '고객들의 불편함과 모순적인 욕망에서 혁신의 실마리를 찾는 것이

핀테크에서는 더 중요하다'고 대꾸했다.

이 젊은이는 2015년 당시 서비스를 세상에 내놓은 송금앱 '토스 toss'의 이승건 대표였다. 그 후 토스는 가입자 수 1100만 명을 훌쩍 넘기며, 간편 송금 시장 점유율 60퍼센트 가까이를 차지한 절대 강자가 되었다. 누적 다운로드는 무려 2500만 건, 이용자들이 토스 앱을 통해 송금한 누적액은 30조 원에 육박하며, 송금 건수는 5억 건에 달한다. 기업 가치가 2.7조 원에 이른다는 비바리퍼블리카의 토스는 카카오페이와 함께 대한민국에서 핀테크의 대명사가 되었다.

지난 5년간 SK경영경제연구소에서 미래테크놀로지포럼을 진행하면서, 나는 이 순간이 우리가 혁신을 목격한 순간이라고 생각한다. 몇 년 후 이승건 대표는 우리에게 '그때는 내가 너무 순진했다. 우리나라 기업들의 혁신을 막는 것은 규제다. 규제는 반드시 고쳐져야 한다'면서 너스레를 떨었지만, 나는 고객의 불편함에서 혁신의 실마리를 찾아야 한다고 당당히 주장했던 그 '젊은 이승건'이었기에 혁신이 가능하지 않았을까 생각한다. 이미 공고히 존재하는 대한민국 규제 문제를 정확히 꿰뚫고 있는 젊은이였다면, 무모하게 핀테크의 세계로 뛰어들지도 못했을 테니까 말이다. 아무리 기술이 바뀌어도 변하지 않은 인간의 욕망과 현실의 불편함을 직시하는 자만이 혁신을 이룬다.

테크놀로지가 이끄는 21세기 현대 사회는 어디로 가고 있는가? 매우 포괄적이고 모호한 질문 같지만, 의외로 그 대답은 간단하고 명쾌

하다. '우리를 둘러싼 세상을 고스란히 디지털화해서 그 엄청난 양의 빅데이터를 인공지능으로 분석해, 저비용 고효율을 넘어 새로운 차원의 서비스를 제공하는 시대로 향해가고 있다'가 그 답이다. 그리고 그것이 이른바 '제4차 산업혁명'이다.

물질로 가득 찬 오프라인 현실 세계를 물질의 기본 단위에 빗대어 '아톰 세계atom world'라고 부른다면, 이 아톰 세계는 고전적인 경제 패러다임이 지배한다. 아톰 세계에서 무언가 생산하려면, 물질을 담을 공간이 필요하고, 그것을 처리하는 데 에너지가 들며, 이를 위해 사람의 노동력이나 대량 생산 기계 설비가 필요하다. 그래서 우리가 학교에서 배웠듯이, 아톰 세계에서 생산의 3요소는 토지, 자본, 노동이다.

그러나 인터넷으로 연결된 클라우드 시스템 안의 온라인 세계인 '비트 세계bit world'는 완전히 다른 경제 패러다임이 통용된다. 비트 단위로 저장된 데이터는 공간을 점유하지도 않고, 정보를 처리하는 속도는 (컴퓨터의 기하급수적인 발전으로!) 거의 무한대로 빨라졌으며, 그 결과 데이터 처리 시간이 거의 제로에 가까워졌다. 무엇보다도, 데이터를 추가적으로 처리하는 데 필요한 비용이 거의 제로라는 놀라운 현상이 벌어진다. 우리는 그것을 '한계비용 제로marginal cost zero'라고 부른다.

이렇게 데이터를 모으고 이를 처리하는 데 필요한 추가 비용은 거의 제로이지만, 더욱 중요한 것은 그로 인해 얻게 되는 이득은 실로 엄청나게 늘어난다는 사실이다. 1기가의 데이터에 1기가의 데이터를 더하면 두 배의 효용이 만들어지는 것이 아니라, 10배, 100배의 효용을 얻을 수 있다. 다시 말해, 한계비용은 거의 0인데, 한계효용은 거의 수백 배에 이를 수 있다.

이렇게 고전적인 경제 패러다임으로는 설명이 어려운, 완전히 새로운 경제 패러다임이 비트 세계를 지배하고 있다. 아톰으로 이루어진 '물질'은 원본과 복제본 사이에 뚜렷한 차이가 있고, 원본의 '희소성'이 경제적 가치를 만들어내며, 확대 재생산을 하려면 그만큼의 비용과 시간, 그리고 노동이 필요하다. 그러나 비트로 구성된 '데이터'는 원본과 복제본 사이에 차이가 없고, 적은 추가 비용으로도 확대재생산이 용이하며, 데이터가 모였을 때 얻게 되는 시너지 효과는 기하급수적으로 늘어난다.

따라서 현명한 기업이라면 아톰 세계의 공장을 고스란히 디지털화해서 온라인상에도 가상의 공장을 만들 것이다. 즉, '디지털 트윈Digital twin'을 만들어, 공장에서 벌어지는 모든 제품 공정을 온라인상에 그대로 옮겨 놓는다면, 인공지능을 이용해 저비용으로, 아주 효율적으로 제품과 공정을 관리할 수 있다. 어디 그뿐이랴! 심지어 그렇게 만들어진 제품이 매장에서 팔려 고객의 손에 들어간 이후에도, 고객이 제품을 어떻게 사용하는지 꾸준히 모니터링해서 더 나은 서비스로 업데이트해주거나 고객의 사용 패턴에 맞는 새로운 제품을 추천해줄 수도 있다.

아톰 세계에서 벌어지는 실제 현상을 비트 세계의 데이터로 옮겨놓는 일은 인터넷이 등장한 이래 지난 30여 년간 꾸준히 벌어져 왔다. 그래서 이런 비전이 '그다지 새로울 것 없다'고 생각할지 모른다. 하지만 현실 세계의 현상 일부를 디지털 데이터로 저장하는 것과 디지털 트윈이라 부를 만큼 아톰 세계와 비트 세계를 일치시키는 것은 완전히 다른 얘기다. 그저 실제 현상을 옮겨놓는 수준이라면 데이터 분석 후에도 여전히 사람이 해야 할 추가 작업이 많으며 비트 세계 분석만으로 문제를 해결하기도 어렵다. 하지만 두 세계가 일치하는 세상이 된다면 새로운 서비스가 가능해지고 사람이 개입할 여지가 크게 줄어든다.

그렇다면 이렇게 아톰 세계와 비트 세계가 일치하는 세상이 도대체 어떻게 만들어진단 말인가? 그 결정적인 역할을 하는 기술이 바로 '사물인터넷Internet of Things, IoT'이다. 세계적인 IoT 전략가 데이비드 스티븐슨이 자신의 저서 《초연결》에서 지적한 바와 같이, 사물에서 모니터링하는 모든 데이터를 인터넷을 통해 공유하는 이 시스템은 우리를 둘러싼 모든 아톰 세계의 사물들에 붙게 될 것이다. 최근 몇 년간 사물인터넷 센서의 가격이 현저히 떨어지면서 어디에나 붙일 수 있게 됐고, 그렇게 해서 얻어진 데이터를 인공지능으로 분석할 수 있는 토대가 마련되는 것이다. 사물인터넷과 빅데이터, 인공지능은 아톰 세계와 비트 세계가 일치된 초연결 사회에서 가장 중요한 핵심 기술이 될 것이다.

지금은 이런 현상이 내 손 안의 스마트폰에서만 경험되고 있지만, 스마트홈과 스마트카로 서서히 확장되고 있으며, 결국 '스마트시티'라고 불리는 도시 스케일로 확장될 것이다. 우리는 도시 전체에서 벌어지는 현상을 디지털 트윈 위에 고스란히 올려 시민들에게 행복을 선사하고 도시의 지속 가능성을 높이는 서비스를 제공할 수 있을 것이다. 모빌리티mobility가 늘어나고 에너지를 사용량에 따라 효율적으로 제공할 수 있고, 사람들의 실시간 이동 정보를 활용해 대중교통의 노선이나 배차간격을 조정할 것이며, 각 병원들의 응급실 상황을 공유해 응급차가 골든아워를 놓치지 않고 응급 환자를 이송할 수 있도록 도시를 설계할 수 있다.

이 책에 참여한 전문가들은 제4차 산업혁명 시대, 혁신이 만들어지는 데 있어 필요한 몇 가지 조건을 강조하고 있다. 우선 하나는 데이터의 중요성이다. 사물인터넷을 통해 데이터가 만들어지고, 그것을 분석할 수 있는 플랫폼이 제대로 구축되어야 새로운 혁신이 가능하다는 것이다. 물론 그런 사회가 쉽게 오는 것은 아니다. 수많은 걸림돌이 우리를 기다리고 있어 난항이 예상된다. 사물인터넷의 비용이 줄어들고 있기는 하나 여전히 IoT 센서의 가격은 충분히 낮아지지 않았다. 무엇보다도 사물인터넷은 그것을 관리하는 데 많은 비용이 든다. 센서에서 얻은 데이터는 아직 표준화가 제대로 되어 있지 않아 기업 간에 시스템을 연결하고 데이터를 융합하는 데 어려움이 많다. 게다가 우리나라는 개인 정보 보호법이 강력해서 원천적으로 비식별 데이터조차 분석이 어려우며, 데이터 융합에 대한 정부 가이드라인도 제대로 제시되지 않고 있는 형편이다. 그렇다고 기업에 데이터를 온전히 맡기기에는 현재 대한민국 기업들의 보안 기술과 데이터 관리 투명성이 매우 취약한 상태다. 국가가 관리하고 있는 보안 프로토콜 또한 마찬가지다.

두 번째, 인공지능의 상용화가 보편화될 수 있도록 IT 인재들을 길러내야 한다. 이제 인공지능이나 빅데이터 분석은 IT 기업만이 아니라 모든 기업들에게 필요한 기술이 될 것이다. 이를 감당할 수 있고, 무엇보다 '스스로 문제를 정의하고 이를 해결하기 위한 시스템을 구축할 수 있는' 데이터 사이언티스트가 많이 배출되어야 한다. 그들의 경험이, 이를 위한 축적의 시간이 결국 미래 혁신의 자산이 될 것이다.

마지막으로 우리 사회가 '공유의 가치'를 제대로 이해해야 한다. 기업은 데이터를 소유하는 데 집착하지 않고 공유함으로써 더 강력한 가치를 만들어낼 수 있다. 소셜 미디어는 빅데이터를 만들어내는 플랫폼에 그치지 않고, 중앙화된 시스템이 아니더라도 '신뢰의 네트워크'를 구축하는 데 크게 기여할 것이다.

물질은 이미 지나치게 생산되었으며, 너무 많이 소비되고 있고, 막대한 쓰레기를 세상에 뱉어내고 있다. 아껴 쓰고 나눠 쓰고 바꿔 쓰고 다시 쓰는 지혜가 필요하다. 이 법칙은 데이터에도 그대로 적용된다. '데이터는 서로 연결되고 함께 모였을 때 놀라운 시너지가 일어날 수 있다'는 사실을 우리 사회는 명심해야 한다.

우리가 잘 알고 있는 '세계를 이끌고 있는 혁신적인 기업'들, 그러니까 구글, 애플, 아마존, 테슬라, 지멘스 같은 회사들은 이 혁신의 토대를 이미 구축해온 기업들이다. 남들보다 먼저 데이터의 중요성을 깨

달았고, 인공지능을 통해 고객을 위한 서비스에 가까이 다가가는 노력을 게을리하지 않은 기업들이다. 우리도 이제라도 혁신의 토대를 구축하는데 많은 시간과 노력을 들이고, 이를 위한 인재를 길러내야 한다. 혁신의 토대가 탄탄히 잘 구축된다면, 기업은 그 토대 위에서 혁신의 열매를 만끽하게 될 것이다.

혁신의 토대 위에서 우리는 '고객의 뇌'를 다시금 들여다보아야 한다. 그들이 진정 무엇을 원하고, 지금 무엇을 가장 불편해하는지 말이다. 그 안에 혁신의 실마리가 있다. 실마리를 찾았다면, 바로 실행에 옮기시라. 혁신은 계획만 해서는 이룰 수 없다. 수많은 시행착오의 교훈이 우리를 조금씩 혁신에 다가가게 해줄 뿐이다. 혁신가는 혁신의 실마리를 목격하는 순간, 그것을 실천에 옮기는 행동가임을 명심해야 한다. 이 책의 마지막 장을 덮을 무렵, 여러분들은 이미 행동가가 되어 있기를. 모두에게 건투를 빈다.

정재승

KAIST 바이오및뇌공학과 교수

문술미래전략대학원장

• 서문 가운데 제4차 산업혁명에 관한 부분은 《열두 발자국》(정재승 지음)과 《초연결》(데이비드 스티븐슨 지음)의 해제(정재승 글)에서 발췌 및 재사용하였습니다.

차례

01 기술의 미래

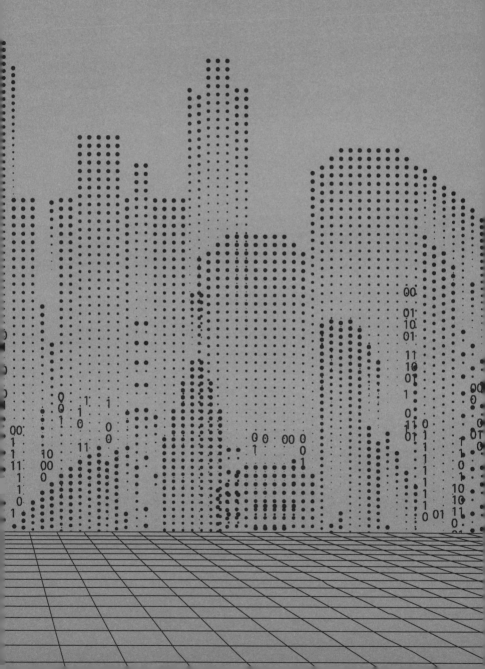

테크놀로지가 인간을 확장하다

01

—

로보틱스

—

우리는 어떤 로봇과
함께하게 될 것인가

—

오준호
KAIST 기계공학과 교수

—

2000년, 세계 최초의 이족 보행 로봇 아시모가 등장한 이후 지능형 서비스 로봇의 시대가 열렸다. 로봇은 군사 훈련장에서부터 재해 현장, 수술실, 일반 가정에 이르기까지 인간의 삶 가까이로 성큼 발을 들여놓았다. 로봇과 살아갈 세상은 어떤 모습일까?

오준호

연세대학교를 졸업하고 버클리대학교에서 기계공학 박사 학위를 받았다. 2004년 휴머노이드 로봇 휴보를 개발하여 벤처기업대상 중소기업청장상, 올해의 KAIST인 상을 수상했다. 2006년 정보통신부장관 표창을, 2007년 과학기술부 선정 '닮고 싶고 되고 싶은 과학기술인상'을 수상했으며 2009년 대통령 표창을 받았다. 2010년 KAIST 연구대상을 수상했으며 2013년부터 2014년까지 KAIST 대외부총장을 역임했다. 휴보로 2015년 세계 재난구조로봇대회 '다르파 로보틱스 챌린지'에서 우승했다. 현재 KAIST에서 기계공학과 교수 겸 휴머노이드로봇연구센터 소장으로 일하며 로봇을 연구하고 있다.

로봇은 '상호작용이 가능한가'에 따라서 크게 산업용 로봇과 서비스 로봇으로 나뉜다. 산업용 로봇은 흔히 공장에서 볼 수 있는 것들이다. 어떤 환경에서든 스위치를 누르면 미리 프로그래밍된, 즉 주어진 일을 반복 수행한다. 반면 우리 생활 속에서 각종 편의를 제공해주는 지능형 서비스 로봇은 처음부터 상호작용을 전제로 만들어진다. 그래서 어떤 환경이 주어지는가가 매우 중요하다.

환경과 상호작용하는 '서비스 로봇'

2000년에 발표된 로봇 아시모Asimo(일본 혼다 사에서 발표한 세계 최초의 두 발로 걷는 로봇)는 공학자는 물론이고 일반인에게도 큰 충격을 주

세계 최초의 이족 보행 로봇, 아시모 일본 혼다에서 개발한 휴머노이드형 로봇. 사람처럼 두 발로 걸을 수 있으며 음성인식 기능이 탑재되어 있어 간단한 대화가 가능하다. 아시모의 등장으로 연구자들과 일반인들의 관심이 산업용 로봇에서 서비스 로봇으로 옮겨갔으며 로봇 개발 패러다임이 크게 변화했다.

었다. 아시모는 상호작용을 할 줄 아는 로봇이다. 아시모는 사람처럼 두 발로 자연스럽게 걷기 위해 중력, 속도, 무게중심, 기울기, 운동에너지, 위치에너지 등을 매순간 계산해낸다. 지면이 얼마나 기울었는가에 따라 다음 걸음을 어떻게 내딛을지 결정하는 것부터, 주변 환경과의 상호작용이 끊임없이 이루어진다.

아시모 이전까지 사람들은 '로봇'이라고 하면 주로 산업용 로봇이나 SF 영화의 로봇들을 떠올렸으나, 아시모를 기점으로 사람들의 머릿속에서 로봇의 개념이 바뀌었다. 서비스 로봇을 가장 대표적인 로봇으로 여기는 이들이 많아졌다.

물론 상호작용이 가능한 서비스 로봇을 만들기 위해서는 그 바탕에 산업용 로봇 기술력이 있어야 한다. 아직까지 로봇이 환경과 유연하게 상호작용하길 기대할 수 있을 정도로 기술이 발전하지는 않았다. 로봇에 상호작용성을 추가하는 것은 무척 복잡한 작업이다. '이것을 집어라'라는 명령은 잘 수행하지만 '이중에서 커피잔을 골라서 집어라'라는 명령을 내리면 인식 확률이 70~80퍼센트로 낮아진다. 그래서 산업용 로봇에 쓰이는 기술을 응용해 사용자가 서비스 로봇과 상호작용을 하고 있는 것처럼 느끼게 만드는 방식이 주로 쓰이고 있다.

인간과 생활하며 인간을 돕는 로봇
——

서비스 로봇은 다시 홈서비스 로봇, 의료 로봇, 군사 로봇, 구난 로봇, 교육 로봇, 오락 로봇 등으로 나눌 수 있다. 홈서비스 로봇 등 몇몇은 아직 그 정의가 명확하지 않다.

몇 가지 흥미로운 로봇 가운데 '보스턴 다이내믹스 Boston Dynamics'에서 만든 것을 빼놓을 수 없다. 움직이는 로봇은 바퀴형과 다리형 중 하나를 택하는데 다리형은 지형 조건에 거의 구애받지 않는다는 장점이 있다. 서비스 로봇은 기본적으로 인간과 같이 생활하며 인간을 돕는 로봇이다. 로봇이 인간 세계에서 생활하자면 사람과 비슷할수록 유리하므로, 이런 점을 감안해 보스턴 다이내믹스 사에서

군사용 로봇 빅독BigDog 보스턴 다이내믹스에서 미국방위고등연구계획국DARPA의 지원을 받아 개발한 사족 보행 로봇. 살아 있는 동물처럼 부드럽게 움직이는 네 다리의 관절과 운동 센서를 이용하여 험준한 지형에서도 150킬로그램의 무거운 짐을 운반할 수 있다.

는 다리형을 채택했다. 물론 기술력이나 에너지 효율을 고려할 때 다리형이 언제나 바퀴형보다 낫다고 단언하기는 어렵다.

구난 로봇은 인명 구조나 지뢰 제거 작업에 활용된다. 주로 국방 분야의 구난 로봇 개발에 많은 투자가 이루어진다. 사람의 생명이 오가는 상황이 잦으므로 다른 어떤 분야보다 고성능 로봇이 시급하게 필요한 것이다. 그러나 아직까지 구난 로봇은 사용하기 불편하고 비싸며 고장도 잦은 상황이다.

고전적인 형태의 '입는 로봇', 즉 몸에 착용하여 그 힘을 활용하는 로봇도 군에서 많은 관심을 보이고 있다. 그러나 누구나 입기만 하면 바로 힘이 세지는 로봇이란 지금 기술력으로는 아직 너무나 막연한 이야기다. 입는 형태의 로봇이 상용화되려면 과학적인 난제를 먼저 극복해야 한다. 즉 명령어가 있어야만 움직이는 로봇을 어떻게 효과적으로 컨트롤할 수 있는가 하는 문제다. 뇌파를 읽어내는 기기를 조종자의 머리에 삽입하는 것이 가장 좋겠지만 부담이 너무 커서 보통은 근전도를 측정하는 밴드를 착용하는데 이 방식은 불편하고 미흡함도 많다.

이 문제를 해결하기 위해서는 발상을 전환해야 한다. 움직이기 전에 신호를 보내는 등 여러 가지 제어 방식을 미리 정하고, 인간이 오퍼레이션 과정에 익숙해지도록 훈련을 받는다면 로봇이 인간의 명령을 이해하는 과정이 훨씬 빠르고 수월해질 것이다.

'편리함'을 새롭게 정의하라

편리한 로봇을 만들기 위해서는 우선 '편리함'이 무엇인지 정의해야 한다. 존재하지 않던 것을 만들어내자면 문제 자체를 새롭게 정의해야 하는 법이다. 기업들로부터 "어떤 로봇을 만들어야 성공하겠느냐?"라는 질문을 받곤 한다. 로봇 산업의 미래는 누구도 예측하기 어렵지만 한 가지 확실한 것은 스스로 문제를 정의하고 답을 제시할 때 새로운 시장이 열린다는 사실이다.

청소 로봇이 대표적인 예다. 미국에서 청소 로봇이 처음 등장했을 때는 가격도 수천만 원에 달했고 가구 사이에 끼는 일이 잦았다. 그러다 침대 밑을 지나갈 수 있는 정도의 높이와 의자 다리 사이를 지나

의료용 로봇, 다빈치 로봇 수술기 자유롭게 돌아가는 로봇 팔을 이용해 사람의 손이 닿기 어려운 부위에 접근할 수 있으며 정밀한 수술이 가능하다.

갈 수 있는 정도의 폭을 지닌, 크리스마스 선물로 주고받을 수 있는 가격대의 로봇이 등장했다. 값은 약 300달러선으로, 성능 역시 크기와 가격에 맞추어 필수 기능만 남겼다. 이것이 지금 우리가 쓰는 로봇 청소기다. 다시 말해, 현재의 로봇 청소기는 청소 로봇을 새롭게 정의한 결과인 것이다.

　의료 분야에서는 로봇이 보행 보조나 물리치료에 쓰이기도 한다. 다리를 전혀 쓰지 못하는 사람도 작동법을 익히면 로봇에 의지해 일어서거나 걸을 수 있다. 혼자 사는 노인이나 다리 힘이 약한 사람을 위해 개발된, 안장에 앉으면 다리를 들어올려주는 장치(바디웨이트 서포트 어시스트)도 있다. 뇌에 전기 회로를 연결하여 로봇 팔을 움직이도록 하는 연구도 진행 중이다. 산업용 로봇 가운데 수술 현장에서 가장 많이 쓰이는 것은 '다빈치da Vinci 로봇 수술기'이다. 절개 부위가 작다는 장점이 있지만 아직까지는 감촉이나 압력 등 물리적 요소를 의사에게 전달하는 부분이 다소 미흡하다.

이 밖에도 스파이 위성 탐지, 우주정거장 건설, 방송·통신 등 다양한 분야에서 로봇이 개발되고 있다.

로봇은 로봇답게, 사람은 사람답게
───

혹시 '언캐니 밸리uncanny valley(불쾌한 골짜기)'라는 말을 들어본 적이 있는가? 어떤 것이 사람과의 유사성을 추구하다가 실패하는 경우 도리어 낯설고 무섭게 느껴지는 현상을 가리키는 용어다. 예컨대 젊고 아름다운 얼굴을 추구하는 로봇일수록 이 '언캐니 밸리'에 빠지기 쉽다. 2005년에 카이스트에서 개발한 로봇 '알베르트 휴보Albert Hubo'는 사람의 얼굴을 하고 여러 가지 표정을 짓는다. 하지만 할아버지의 얼굴(알베르트 아인슈타인)을 채택한 덕분에 언캐니 밸리를 피했다. 얼굴의 좌우 대칭이 다소 비뚤거나 눈꺼풀이 떨리더라도 보는 사람은 "할아버지니까 그럴 수도 있지 않을까?" 하고 비교적 쉽게 받아들인다.

언캐니 밸리를 피하려면 사람과 완벽히 똑같이 만들거나, 아예 로

알베르트 휴보 천재 과학자 알베르트 아인슈타인의 얼굴을 닮은 지능형 휴머노이드 로봇. 카이스트 오준호 교수 연구팀이 개발한 로봇으로, 대화 내용에 따라 다양한 표정을 지으며 반응한다.

봇다운 외형을 추구거나 둘 중 하나를 택해야 한다. 개인적으로는 로봇과 사람이 공존하려면 로봇은 로봇답고 사람은 사람다워야 한다고 생각한다.

한국의 로봇 산업, 위태로운 출발

산업용 로봇 시대가 열린 것은 1960년대부터다. 최초의 산업용 로봇은 1961년 미국 유니메이션Unimation 사에서 개발한 '유니메이트

Unimate'다. 물건을 집어올리거나 용접 작업을 하는 팔 형태의 로봇이었다. 1960년대 초반 미국 GM 사의 생산 라인에 쓰였고, 1967년 일본 토요타가 로봇 생산 라이센스를 따내면서 상업화에 성공했다. 이후 산업용 로봇의 보급률이 엄청난 속도로 높아졌고 1970년대 중반부터 1990년대 초까지 전 세계에 로봇 붐이 일었다.

한국도 예외가 아니었다. 1980년대 중후반에는 최고의 수재들이 의대를 포기하고 서울대 계측공학과에 진학할 정도였다. 이 시기에는 계측공학, 자동화, 로보틱스를 배우기 위해 유학을 떠나는 학생도 늘었다. 미국과 유럽에서 산업용 로봇 열풍이 끝나고 인공지능이나 서비스 로봇 쪽으로 학문적 관심이 쏠린 시점과 겹쳤는데, 이 무렵 유학을 하고 1990년대에 귀국한 이들이 한국 로봇 산업을 이끌면서 문제가 생겼다. 산업용 로봇 연구가 거의 이루어지지 않은 상태에서 지능형 서비스 로봇이라는 탑이 쌓아올려진 것이다. 산업용 로봇을 연구하면서 구축한 시스템을 바탕으로 서비스 로봇 연구를 시작한 기술 선진국과 달리, 한국은 시스템을 마련할 여유도 시간도 없었다. 이렇게 기술 선진국과의 격차가 쌓이면서 한국 로봇 산업은 주춧돌을 생략한 위태로운 모습이 되었다.

로봇 시장의 격돌은 어디서 시작될까

2000년대에 아시모가 등장하면서 전 세계에 다시 로봇 붐이 불었다. '향후 10~15년 안에 로봇 시장이 자동차 시장을 앞설 것이다' 'PC 시대는 가고 로봇 시대가 온다'는 등의 장밋빛 전망이 쏟아졌다. 우리나라에서도 로봇 벤처기업이 우후죽순 생겨났고 정부가 로봇을 '신 성장동력 사업'으로 선정하기도 했다. 그런데 몇 년이 지난 지금까지도 로봇 산업이라고 하면 '엄청난 시장이 열린다'는 소리만 나돌지 실제로 상품화해서 이윤을 창출한 경우는 거의 찾아볼 수 없다. 왜 그럴까? 신기술 도입 초기에는 기술의 수준이 낮았다가 시간과 함께 점차 성숙해가기 마련인데 시장의 기대치는 신기술이 등장함과 동시에 높게 치솟는다. 로봇이 개발되면 "곧 대부분의 직업이 사라질 것"이라는 성급한 전망이 나오고, 줄기세포 연구에서 성과가 나오면 "난치병 정복의 길이 열렸다"라고 호들갑 피우는 식이다.

재미있는 사실은 기술은 계속 발전하는 반면 기대치는 현실을 깨닫고 나면 떨어지기 시작한다는 것이다. 즉 시간이 흐르면서 기술 수준과 기대치의 간격이 좁혀진다. 기술이 발전하여 기대치의 80퍼센트 정도를 충족시키는 제품이 나오면, '드디어 내가 원하는 물건이 나오는구나' 하면서 실제로 구입하는 사람들이 생겨난다. 주로 이 기술을 기다려온 '얼리어답터', 즉 마니아 층이다. 떨어지던 기대치는 다시 올라간다. 그리고 기대치와 기술 수준이 일치하는 시점부터 시장은 폭발적으로 성장하고 레드오션이 시작된다. 이 단계부터는 기술력보다는 가격과 마케팅 전략에서 승부가 갈린다.

IT에 비해 RT(로봇 테크놀로지), BT(바이오 테크놀로지), NT(나노 테크놀로지)는 아직도 시장의 기대치와 현실 사이의 격차가 큰 분야다. 비전을 제시하며 큰소리 친 것에 비해 실제로 내놓은 게 없다. 기술이 성숙해 매력적인 상품이 출시되기까지 아직 갈 길이 멀다.

새로운 시장이 열릴 가능성은 언제나 있다. 기술의 공급 곡선은 대체로 한 가지 형태를 띠지만 수요는 다양한 형태를 띤다. 예컨대 군사나 의료 분야는 기술 수준에 관계없이 수요가 발생하기 때문에 언제나 시장이 존재한다. 기술이 다소 미흡하고 비싸더라도 조금이라도 개선된 점이 있다면 당장 써보는 것이다. 엔터테인먼트와 교육 분야도 첨단 기술에 민감하다. 지금은 수요가 크지 않지만 재활 및 노령화 분야도 소비자 기대치가 낮으므로 장차 주목해야 한다.

'이 정도만 되더라도 기꺼이 사겠다'는 사람이 있을 만한 영역이 어디인지 보고, 기술을 잘 다듬어서 시장을 장악해야 한다. 시장의 격변이 어디서, 어떤 방향으로, 언제 시작될지는 아무도 모른다. 5년 뒤를 내다보며 현실적인 방안을 찾는 혜안이 필요하다.

미래 로봇의 세 가지 키워드: 유비쿼터스, 자율성, 기동성

앞으로 로봇 기술은 어떤 방향으로 발전할까? 유비쿼터스, 자율성Autonomy, 기동성Mobility이라는 세 가지 키워드를 꼽아볼 수 있다. 즉 모든 것이 무선으로 연결된 환경 속에서 어느 정도의 지능을 지닌 로봇이 사용자와 상호작용하는 형태다. 사용자가 명령을 내

인간과 로봇이 공생하려면 어떤 준비가 필요할까?

리기도 전에 로봇이 스스로 판단하고 실행하도록 만드는 것이 요즘 연구의 트렌드인데, 자율주행 자동차가 그 대표적인 사례다.

이는 로봇의 본질과도 연결되어 있다. 로봇을 정의하는 기본 요소가 바로 자율성과 기동성이다. 그런데 자율성과 기동성은 본질적으로 딜레마를 안고 있다. 로봇에게 자율성을 부여한다는 말은 사실 로봇이 하고 싶은 대로 하라는 것이 아니라 매번 명령하지 않아도 사용자가 원하는 것을 하라는 뜻에 가깝다. 로봇 청소기가 스스로 오늘은 이곳을 닦는 게 좋겠다고 판단해서 하루 종일 한 곳만 닦는다면 어떻겠는가? 결국 문제는 '자율성의 수준을 조정하는 것'이다. 자율성을 완전한 수준으로 허용하면 로봇을 내 뜻대로 움직이게 하겠다는 목표는 포기해야 한다. 그렇다고 자율성을 전부 없애면 사용자가 하나하나 설정을 해주어야 한다. 기동성도 마찬가지다. 로봇은 빠르고 힘이 셀수록 좋을 것 같지만 사고 위험 역시 언제나 존재한다. 위험을 줄이려면 기동성과 자율성의 수준을 적절히 조절해야 한다. 보행자보다 운전자가 지켜야 하는 법규가 더 많듯이, 힘이 셀수록 자율성을 낮게 설계해야 불의의 사고를 막을 수 있다.

앞으로 인간은 로봇과 공생하는 삶을 살아갈 것이다. 인간이 로봇을 개발하는 이유는 사람이 할 수 없는 일, 사람이 하기에는 위험한 일, 사람이 기피하는 일을 대신하게 만들기 위해서다. 인공지능 로봇이 인간의 부족한 부분을 보완하고 사용자가 이를 잘 활용한다면 기술의 가치가 극대화될 것이고, 인간은 좀 더 편의성 높고 창조적인 삶을 영위할 수 있을 것이다.

02

—

뇌 - 컴퓨터 인터페이스

—

뇌파로 커뮤니케이션
할 수 있다면

—

임창환

한양대학교 전기·생체공학부 교수

—

뇌에서 나오는 신호를 이용하여 의사소통 수단을 제공하는 기술을 뇌-컴퓨터 인터
페이스Brain-Computer Interface, BCI라고 한다. 뉴런 신호를 해독해 의사소통을 가
능하게 해주는, 일종의 번역기 역할을 하는 기술이다. 의료 및 재활 분야부터 게임
콘텐츠까지. 뇌와 기계가 직접 소통하는 BCI 기술의 최전선을 만난다.

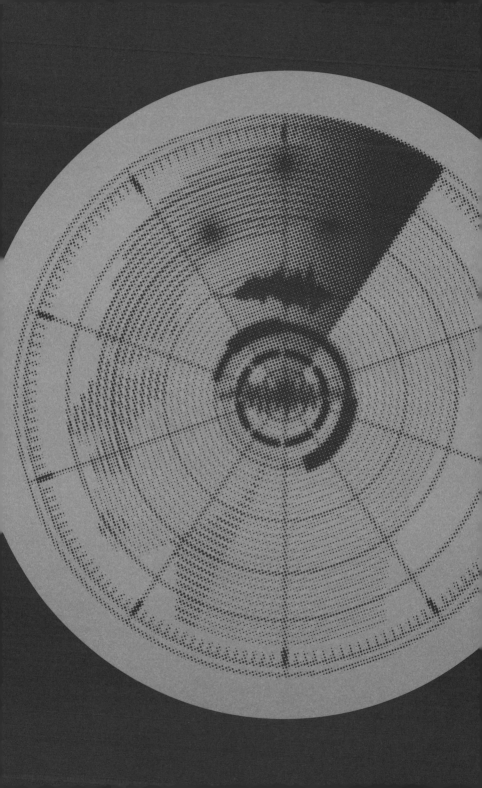

임창환

서울대학교 전기공학부를 졸업하고 동 대학원에서 석사 및 박사 학위를 취득했다. 미국 미네소타주립대학교 의공학과 연구원과 연세대학교 의공학부 조교수를 거쳐 2011년부터 현재까지 한양대학교 공과대학 전기·생체공학부 교수로 재직 중이다. 인간의 뇌와 기계를 연결하는 뇌−컴퓨터 인터페이스 분야에서 세계적으로 두각을 나타내고 있는 젊은 뇌공학자로서 공학 문화의 확산과 과학 대중화에도 관심을 기울이고 있다. 대표 저서로는 《뇌를 바꾼 공학, 공학을 바꾼 뇌》, 《바이오닉맨》 등이 있다.

〈잠수종과 나비〉는 장 도미니크 보비Jean-Dominique Bauby의 실화를 바탕으로 한 영화다. 프랑스의 유명 잡지 편집장이었던 그는 뇌졸중으로 쓰러진 뒤 왼쪽 눈꺼풀을 제외한 전신이 마비되는 지경에 이른다. 그는 언어치료사가 알파벳을 불러주면 원하는 글자가 나올 때 왼쪽 눈을 깜빡이는 방식으로 문장을 완성해서 책 한 권을 썼는데, 20만 번 넘게 눈을 깜빡여서 지은 책의 제목이자 그 책 내용을 바탕으로 나온 영화가 바로 〈잠수종과 나비〉다.

영화 속 주인공처럼 언어를 직접 생성할 수 없는 사람들이 생각보다 많다. 조사에 따르면 우리나라에만 10만여 명 정도이고 계속 늘어나는 추세라고 한다. 이런 사람들을 위해 뇌에서 나오는 신호를 이용하여 의사소통 수단을 제공하는 기술을 뇌-컴퓨터 인터

뇌-컴퓨터 인터페이스 기술 사람의 뇌 활동을 측정하여 생각·의도·감정 등을 분석하고 이러한 정보를 바탕으로 사용자의 의도를 기기 제어 신호로 변환하여 다양한 기기를 조작하거나 사용자의 의사를 외부에 전달하는 기술. 신체 마비 환자가 생각만으로 휠체어나 로봇 의수를 움직일 수 있도록 만드는 연구에서 출발하여, 최근에는 게임·마케팅 등 다양한 영역에서 활용되고 있다.

페이스Brain-Computer Interface, BCI 또는 뇌-기계 인터페이스Brain-Machine Interface, BMI라고 한다. 뉴런 신호를 해독해 의사소통을 가능하게 해주는, 일종의 번역기 역할을 하는 기술이다.

전통적인 BCI는 주로 뇌파를 이용해 비침습적non-invasive인 방식(외과적 수술이 필요 없는 방식)으로 신경 신호를 측정한다. 즉 머리에 장치를 부착해, 뇌파 스캐너로 사용자의 의도를 읽어서 휠체어나 로봇 의수를 조종할 수 있도록 하는 것이다. 최근 들어서는 식물인간에 가까운 상태에 있는 사람과의 의사소통을 가능하게 하는 일, 소비자의 무의식이나 감정 변화를 읽어내 이 정보를 마케팅·게임·엔터테인먼트 등의 영역에 활용하는 일도 BCI의 영역에 포함되고 있다.

언어를 되찾아주는 기술, BCI
—

그런가 하면 침습적invasive인 방식을 사용하는 BCI도 있다. 두개골을 열어 뇌에 전극을 삽입하는 수술을 거친다. 비침습적인 방식보다 20년쯤 늦게 등장했지만 지금은 침습적인 방식이 훨씬 뛰어난 성과를 보여주고 있다. 미국에서 1990년대 후반부터 연구가 시작됐고 실제로 사용되기 시작한 것은 2004년부터다. 2001년에 목을 칼로 찔리는 사고를 당한 뒤 목 아래쪽이 전부 마비된 전직 미식축구 선수 매슈 네이글Matthew Nagle이 첫 번째 대상이었다. 미국 브라운대학 연구팀은 그의 오른쪽 대뇌에 96개의 가느다란 바늘 모양 전극이 달린 미세 전극 배열microelectrode array 칩을 삽입해 신경세포가 만들어내는 신호를 실시간으로 해독할 수 있도록 했다. 그 결과 매슈 네이글은 칩과 연결된 컴퓨터의 마우스 커서를 움직여서 TV와 조명을 조절할 수 있었다. 2012년에는 브라운대학과 피츠버그대학에서 생각만으로 로봇팔을 제어하는 데 성공했으며 현재도 로봇 팔을 더욱 정교하고 자유롭게 움직이기 위한 연구가 지속적으로 이루어지고 있다.

우리나라에서는 아직 사람을 대상으로 침습적인 방식의 BCI 연구를 할 수 없고, 비침습적인 방식으로 뇌파를 측정해 외부 기계를 조종하는 연구가 주로 진행되고 있다. 움직임을 상상하는 것, 즉 운동 심

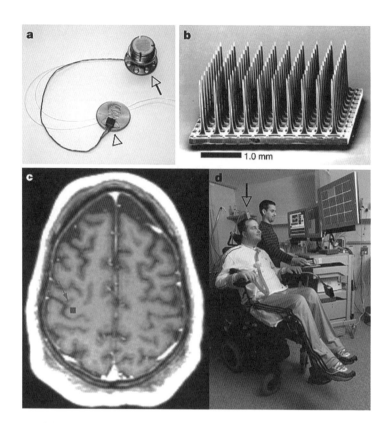

BCI 장치를 뇌에 이식한 최초의 환자 매슈 네이글 사고로 척수가 손상된 전신 마비 환자 매슈 네이글은 2004년 미국 브라운대학의 신경과학자 손 도너휴John Donoghue 교수가 개발한 BCI 장치를 뇌에 이식했다. 네이글은 뇌 신경세포의 신호를 컴퓨터로 전송하는 침습적 방식의 BCI 장치를 이용하여 생각만으로 기기를 조작한 최초의 사례가 되었다.

상motor imagery만으로 드론을 조종하는 실험이 진행 중인데 약 80퍼센트의 정확도를 보인다. 아쉽지만 이 정도 정확도로는 휠체어나 로봇을 정밀하게 조종할 수 없다. 다만 재활의학 분야에서는 비침습적인 BCI 방식으로 뇌파의 운동 심상을 읽어내는 연구가 유용하게 쓰일 수 있다. 뇌졸중 환자가 재활운동을 할 때, 단순히 신체 부위를 움직여주는 로봇에 수동적으로 몸을 맡기지 않고 움직임을 직접 상상하면서 재활 운동을 하면 효과가 더 높다는 연구 결과가 있다. 즉, BCI 기술을 통해 움직이고자 하는 의도를 읽어내어 재활 로봇을 작동시키면 더 나은 재활 효과를 기대할 수 있다는 뜻이다. 오랫동안 팔다리를 움직이지 못해서 움직임을 상상하기 어려운 경우, 뇌의 운동피질motor cortex을 활성화하는 트레이닝을 병행하면 더 높은 효과를 거둘 수 있다.

또한 식물인간에 가까운 상태의 사람과 의사소통할 때에도 비침습적인 BCI 방식이 유용하게 쓰일 수 있다. 실제로 초기에는 뇌파를 이용해 외부 기계를 조종하는 연구가 BCI 분야의 대부분을 차지했으나 최근 10년 사이에는 의사소통에 관한 연구가 더 높은 비중을 차지하고 있다. BCI를 활용해 의사소통을 하는 방식 중 가장 대표적인 것은 '멘탈 스펠러mental speller', 즉 특정한 글자를 쳐다보는 것만으로도 타이핑이 가능한 애플리케이션이다. 한 글자를 2~4초가량 쳐다보면 타이핑 되며, 정확도는 95퍼센트 정도다.

눈을 오래 뜨는 것조차 어려운 중증 루게릭병ALS 환자에게는 다른 기술이 필요하다. 눈을 감은 상태에서 특수 제작된 안경을 낀 환자가 눈꺼풀을 통해 들어오는 시각 자극 중 어느 쪽을 선택하느냐에 따라 '예' '아니오'로 의사소통을 할 수도 있다. 환자의 뇌파를 측정하고 역추적하면 환자가 어느 쪽에 집중하고 있는지 알 수 있기 때문에 가능한 일이다. 이 방법은 의사소통에서 90퍼센트가 넘는 정확도를 보인다. 시각 기능을 완전히 잃어버린 환자는 청각 BCI 기술로 의사소통을 할 수 있다. 청각은 근육이 필요 없기 때문에 루게릭병에 걸린 환자도 마지막까지 사용할 수 있는 감각이다. 왼쪽 귀와 오른쪽 귀에 주파수가 다른 소리를 들려주고 어느 쪽 소리에 집중하고 있는지를 뇌파를 이용해 파악하면 환자의 의사를 파악할 수 있다.

실험실 밖으로 나온 BCI:
신무기 개발부터 범죄 수사, 게임 콘텐츠까지
───

최근 한양대 연구팀은 국방과학연구소로부터 제안을 받아 군사 분야에 BCI를 활용하는 방안을 연구 중이다. 예컨대 헬멧에 투명 디스플레이를 적용하고 부착된 생체 신호 측정 센서로 눈 깜빡임과 뇌파 신호를 측정하여 전시 상황에서 '몇 시 방향에 적군 출현, 지원 요청' 같은 메시지를 전송하는 장비를 생각해볼 수 있다.

범죄 수사에 뇌파 측정을 활용하기도 한다. 우리의 뇌는 낯선 자극이 주어지면 반응을 보인다. 용의자에게 낯선 장면을 계속 보여주다가 중간에 범죄현장 장면을 끼워 넣는다. 진범에게는 익숙한 장면이기 때문에 범죄현장에 가본 적이 없는 사람과는 다른 뇌파를 보인다. 연구에 따르면 95퍼센트 정도의 정확도를 보인다고 한다.

©kmeron / LeWeb12 Conference, Paris

두뇌 센싱 헤드밴드 뮤즈 2012년 인터랙슨InteraXon이 출시한 헤드밴드 타입의 웨어러블 기기. 제품에 탑재된 센서가 사용자의 뇌 활동과 호흡 등을 모니터링하여 스마트폰으로 데이터를 전송한다. 명상, 집중력 관리 등의 콘텐츠를 서비스한다.

우리 생활과 보다 밀접한 분야에서 BCI 기술을 활용하려는 시도도 늘고 있다. 가장 대표적인 것이 '스타워즈 포스 트레이너Star Wars Force Trainer'라는 장난감이다. 헤드셋으로 집중력을 측정하는데, 집중도가 높을수록 병 속에 든 공이 높이 떠오른다. 이렇게 사용자의 의도가 아니라 집중도나 안정도 같은 단순한 뇌의 상태만을 읽어서 피드백을 주는 기술을 '뉴로피드백neurofeedback'이라고 부른다. 불과 20년 전까지만 해도 BCI 분야에서는 뉴로피드백이 유사과학 취급을 받았지만 2010년대 들어 BCI 분야에서도 인정받기 시작했다. 중증 환자를 대상으로 하는 전통적인 개념의 BCI만으로는 새로운 시장을 여는 데 제약이 있고 뇌파 측정이 대중적으로 활용될 가능성이 높다는 인식이 퍼졌기 때문이다.

구글, 마이크로소프트, 닌텐도, 필립스, 소니, 애플, 삼성, LG 같은 대기업이 뇌파 관련 장비에 관심을 보인다는 보도가 이어지고 있다. 이 열풍의 근원에는 '뮤즈MUSE'라는 제품이 자리하고 있다. 기존의 뇌파 측정 장치와 달리 머리띠 형태의 단순하고 예쁜 디자인으로 출시됐다. 킥스타터 크라우드 펀딩 단계에서부터 세계적인 관심을 불러일으키면서 5만 대 넘게 팔려나갔다. 뮤즈의 성공 이후로 보급형 무선 뇌파측정기가 쏟아져나오기 시작했다. 해마다 10~20종의 새 제품이 나온다. 새끼손톱만 한 크기에 여러 기능을 갖춘 저렴한 칩이 나오면서 기기 가격 또한 100~500달러 선으로 낮아졌다.

어떤 형태가 최선인가

100여 년 전인 1919년에 발간된 미국 지방지 〈시러큐스 헤럴드 The Syracuse Herald〉에는 눈길을 끄는 삽화가 실려 있다. 남자가 헤드밴드 형태의 장치를 착용하고 있고 연결된 기계가 뇌파를 해독한 결과를 기록하고 있는 모습이다. 오늘날 웨어러블 디바이스(신체에 부착해 컴퓨팅할 수 있는 기계 장치)의 개념과 거의 비슷하다. 이 그림이 그려진 뒤 벌써 100년이 지났다. 곧 삼성이 '갤럭시 뉴로'를 만들고 LG가 대항마로 'G브레인'을 만드는 세상이 올까? 그러기 위해서는 세 가지 산

This Machine Records All Your Thoughts

The Thought Recorder Is an Instrument Recording Thoughts Directly by Electrical Means, on a Moving Paper Tape. The Illustration Shows What a Future Business Office Will Look Like When Such an Invention Has Been Perfected. By Pushing the Button A, the Tape Is Started and Stopped Automatically so That Thoughts That Are Wanted Are Recorded.

1919년 6월 8일자 〈시러큐스 헤럴드〉에 실린 삽화

을 넘어야 한다. 하드웨어 문제, 개인차 문제, 그리고 킬러 앱(출시되자마자 큰 인기를 끌며 경쟁 상품을 몰아내고 시장을 완전히 재편하는 상품이나 서비스)의 부재 문제다.

첫 번째 산인 하드웨어 문제는 어떤 형태의 기기를 만드느냐의 문제와 깊이 연관돼 있다. 헤드밴드 형태는 착용이 쉽고 미관상으로도 거부감이 적다. 머리카락이 없는 이마에서 뇌파를 측정하기 때문에 비교적 측정이 간편하다는 장점도 있다. 하지만 이마 부분에서 뇌파를 측정해서 얻을 수 있는 정보는 집중도, 심신 안정도, 유쾌·불쾌 감정 정도로 매우 제한적이다. 게다가 사람이 말을 하거나 눈을 깜빡이거나 표정을 지을 때 생기는 근전도 및 안구전도의 변화가 뇌파를 정확히 측정하는 데 방해 요소가 되기도 한다.

높은 정확도를 필요로 하는 애플리케이션이라면 머리의 여러 부위

에서 뇌파를 측정할 수 있는 헤드셋 형태가 더 적합하다. 하지만 헤드셋 타입은 미관상 좋지 않을 뿐 아니라, 부도체인 머리카락의 방해로 뇌파 측정이 쉽지 않다는 큰 단점이 있다. 실험실에서는 점성을 가진 젤을 사용해 전극을 두피에 부착한 뒤 뇌파를 측정하지만 사용 후에는 반드시 머리를 감아야 하기 때문에 웨어러블 디바이스에 적용하기에는 무리가 있다. 그래서 지금은 젤을 사용하지 않고 가느다란 막대 모양 센서를 촘촘히 엮어 일종의 '발'을 만들어서 두피에 접촉시키는 방식이 주로 쓰이는데 두피의 곡면에 맞게 디자인하여 사용자가 불편을 느끼지 않도록 하는 것이 앞으로의 과제다.

웨어러블 기기에서 뇌파만이 아니라 다양한 생체 신호를 함께 측정하는 것도 정확도를 높이는 한 가지 방법이다. 한양대 연구실에서 정부 지원을 받아 연구 중인 헤드셋에는 총 세 대의 카메라가 달려 있다. 전방 카메라, 안구 추적 카메라, 그리고 하방 카메라다. 사람이 표정을 지으면 보통 광대뼈가 움직이기 때문에 하방 카메라로 광대뼈를 촬영해서 표정과 감정을 인식하는 보조 데이터로 사용한다. 이 밖에도 심박수, 체온, 눈동자 움직임, 특정 부위의 땀 분비 등을 측정하여 감정 상태를 유추하는 장비들이 개발 중이다.

개인차를 넘어서야 '상품'이 된다
———

또 한 가지 중요한 문제가 뇌파 지표의 개인차다. 실제 실험에서도 피험자들 사이의 개인차가 너무 커서 어려움을 겪곤 한다. 집중력을 측정할 때 일반적으로 가장 많이 쓰는 지표가 세타파와 베타파의 비율인데 사람마다 그 변화 폭이 다르다. 집중력을 향상시키는 기기가 출시됐다고 가정해보자. 똑같은 제품을 사용하는데도 다른 사람들보다 효과를 적게 봤다면 당연히 소비자 불만이 제기될 것이다. 개인차 때문에 어쩔 수 없는 부분이라 해도 이를 소비자에게 납득시키기란 쉽지 않은 일이다. 제품 자체에 결함이 있는 것처럼 알려지면 기업 이미지에까지 타격을 줄 수 있다. 이런 위험성 때문에 대기업이 웨어러블 기기 상용화에 선뜻 뛰어들지 못하는 것이다. 대기업 입장에

뇌파를 이용한 장난감 엉클 밀턴Uncle Milton 사에서 출시한 '스타워즈 포스 트레이너'. 무선 헤드셋으로 뇌파를 측정하여 사용자의 집중도에 따라 공을 움직일 수 있게 했다. 사람마다 집중력의 정도가 다르기 때문에 사용 전 사용자의 상태를 테스트하고 초기 설정을 조정하도록 안내한다.

서는 어느 정도 기술력이 검증된 스타트업이 등장하면 이를 인수하는 방식이 훨씬 안전해 보일 것이다.

개인차가 거의 없는 보편적인 지표를 찾을 수 있다면 좋겠으나, 이를 찾는 연구는 수십 년 동안 계속됐음에도 아직까지 큰 성과를 거두지 못하고 있다. 결국은 개인 맞춤형 기기로 개발하는 것이 가장 현실적인 방안이다. 일정한 트레이닝을 거치거나 초기 설정을 하여 개개인에게 가장 적합한 뇌파 지표를 사용하면 보편적인 지표를 사용할 때보다 훨씬 높은 효과를 기대할 수 있을 것이다. 다만 음주, 흡연, 감정 상태, 주변 환경이 뇌파에 미치는 영향까지 고려할 수 있어야 본격적인 상용화가 가능할 것으로 보인다.

일상과 함께할 '킬러 앱'이 없다

웨어러블 기기의 상용화 가능성을 점칠 때 가장 중요한 질문이 있다. "당신은 이런 기기가 있다면 길거리에서, 지하철에서 쓰고 다니겠습니까?" 일본에서는 사용자의 뇌파를 측정하고 그 집중도나 마음 안정도에 따라 고양이 귀가 움직이는 헤드밴드가 수천 대 이상 팔렸다고 한다. 하지만 이는 특정 마니아 층이 재미로 써보는 것이지 대다수 사람들이 일상생활에서 장시간 착용할 가능성은 낮아 보인다. 이를 가능하게 할 만한 킬러 앱도 아직은 보이지 않는다.

웨어러블 기기 분야에서 사업 모델을 찾기 위해 기업들은 다양

일본 뉴로웨어Neurowear가 출시한 고양이 귀 모양의 헤드밴드 네코미미Necomimi

한 시도를 하고 있다. 앞서 헤드밴드 형태 뇌파 측정 기기의 대표 격
으로 소개한 뮤즈는 사업 방향을 명상 뉴로피드백 쪽으로 잡았다. 아
침에 일어나서 3분간 착용하고 명상 훈련을 하면 나의 뇌파 상태
가 매일매일 스마트폰에 기록된다. 현재는 기록 기능만 있지만 앞으
로는 이 빅데이터를 모아서 무언가를 제안해주는 서비스를 시도하려
는 것으로 보인다. 지금까지 나온 웨어러블 뇌파 측정 기기 가운데서
는 가장 성공적인 사업 모델이다.

　국내 스타트업은 수면 뇌공학 분야에서 사업 모델을 찾고 있다. 안
대에 뇌파 측정 장치를 부착해 수면 단계를 측정하거나 골전도 이
어폰을 이용해 소리로 수면을 유도하는 기기가 대표적인 예다. 그러

나 이런 시장은 아직까지 크지 않고, 앞으로는 엔터테인먼트 분야에서 BCI가 폭넓게 쓰일 것이라는 전망이 나오고 있다. 엔터테인먼트 분야에서는 이미 상업화에 성공한 사례도 있다. 호주의 이모티브Emotiv 사는 사용자의 감정 상태를 읽어서 게임 캐릭터의 동작이나 표정을 바꿔준다. 한양대 연구팀은 손의 구부림, 땀 분비, 팔 움직임을 측정하는 장갑을 연구 중이다. 만일 뇌파나 다른 생체 신호도 동시에 측정할 수 있다면 사용자의 집중력이나 감정 상태에 따라 게임 내 여러 가지 마법이나 스킬을 바꿔주는 등의 방식으로 게임의 재미를 배가시킬 수 있을 것이다.

교육 분야에서도 BCI 활용도가 높을 것으로 보인다. 학생 개개인의 뇌파를 측정해 집중도 수치를 실시간으로 선생님에게 전달할 수 있다면 좀 더 쌍방향적인 수업이 되지 않을까? 만약 이 시나리오에서 '사람' 선생님이 '인공지능' 선생님으로 대체된다면 학생의 뇌 상태를 반영해 학습 효과를 높이는 새로운 온라인 수업 모델이 탄생할 수도 있다. 혹은 일종의 학습 코칭 서비스를 구상해볼 수도 있을 것이다. 예를 들어 한 학생이 수학 문제를 푸는 동안 개인화된 집중력 지표가 시간에 따라 어떻게 변하는지 추적 관찰한 뒤, 패턴을 분석하여 '지금은 휴식을 하는 게 좋겠다'라든지 '다른 과목을 공부하는 게 좋겠다' 같은 제안을 해주는 것도 가능할 것이다.

마케팅 분야에서는 소비자 조사에 뇌파 측정 결과를 활용하는 뉴로마케팅neuromarketing이 이미 자리를 잡아가고 있다. 다른 분야에서도 앞서 언급한 세 가지 산을 무사히 넘어 BCI가 사람들의 일상에 친근하게 뿌리내리기를 기원한다. 전 세계 뇌파 웨어러블 기기 시장이 10조 원 이상의 규모로 성장하고, 한국 기업이 그 시장의 절반 이상을 차지하는 날이 오기를 바란다.

03

증강현실

증강현실에서
증강휴먼으로

우운택
KAIST 문화기술대학원 교수

가상과 현실의 벽을 허물고 사용자의 능력을 확장하는 새로운 개인화 미디어가 탄생을 예고하고 있다. 인간, 가상객체, 인공물 등이 공존하며 시공간의 한계를 없애는 기술, 가상현실과 증강현실이 만드는 미래는 어떤 모습일까?

우운택

경북대학교 전자공학과를 졸업하고 포항공과대학교 전자전기공학과에서 석사 학위를 받았다. 미국 USC에서 전기공학과 시스템 전공으로 박사 학위를 받았다. 광주과학기술원 교수를 거쳐 현재 KAIST 문화기술대학원 교수로 재직 중이다.

미디어를 보통 '인간의 감각기관을 확장하는 도구'라고 말한다. 컴퓨터를 예로 들면 미디어는 PC 시대를 거쳐서 이제 모바일 시대로 왔다. PC 시대에는 IBM과 마이크로소프트가 대표주자로 꼽혔으나 네트워크와 검색 기능이 중요해지자 구글이 등장했다. 모바일 시대로 넘어가면서부터는 애플이 중요한 기업이 됐다. 앞으로 5~10년 후에는 누가 IT 시장의 강자로 자리매김할까? 또 그다음 미디어는 무엇이 될까? 불과 6~7년 만에 지금처럼 전 국민이 스마트폰을 쓰는 시대가 오리라고는 누구도 예상하지 못했다. 앞으로 5년 후에 무슨 일이 일어날지 예측하는 일 역시 상당히 어렵다. 삼성전자, LG전자 같은 제조업체들의 고민도 깊다.

플랫폼의 패러다임은 계속 바뀌고 있다. 플랫폼은 점점 작아지고 값이 싸지며 빨라진다. 또한 그 지능은 더 높아지고 인터페이스는 사람에게 더 친숙해져간다. 초기에는 컴퓨터에서 프로그램을 실행시키려면 직접 키보드로 명령어를 입력해야 했다. 이후에는 복잡한 과정이 마우스 클릭으로 대체되었는데, 모바일 시대로 넘어온 지금은 그저 화면을 누르기만 하면 된다. 스마트 기기를 사용하기 위한 문턱이 계속 낮아지는 것이다.

PC, 스마트폰, 그다음 플랫폼은?

——

스마트폰의 경우, 소비자들이 큰 화면을 선호하면서도 무게는 가볍기를 바라기 때문에 이 이상 혁신하기란 쉽지 않다. 스마트폰 시장은 확장에 한계를 맞았고, 그렇다면 차세대 시장은 '가상현실 플랫폼'이 되지 않을까 하는 전망이 나오고 있다.

차세대 플랫폼의 물성 및 형태에 대해 시장조사를 해보면 대체로 안경이나 손목시계 타입이 높은 선호도를 보인다. 삼성과 애플은 손목시계 형태의 플랫폼을 열심히 생산하고 있고, 구글은 안경 타입 디스플레이 개발에 앞장서고 있으며, 마이크로소프트는 머리에 쓰는 디스플레이 장치Head Mounted Display, HMD를 개발하고 있다. 사실 스마트폰을 보면서 걷는다는 건 굉장히 위험하고 불편한 일이다. 안경처럼 착용할 수 있는 스마트 기기는 사용자가 3차원 환경 속에서 주변을 보면서 필요할 때 정보를 이용하도록 해줄 수 있다. 이 기

증강현실 기술 실재 사물이나 환경에 가상의 사물이나 정보를 합성해 보여주는 기술로 사용자가 3차원 환경 속에서 필요할 때 정보를 이용할 수 있도록 돕는다.

술이 상용화되면 전통적인 키보드나 마우스 대신 말speech, 시선 gaze, 동작gesture이 새로운 인터페이스로 등장할 것이다. 만약 이런 형태로 컴퓨터가 바뀐다면 증강현실 기기가 스마트폰을 대체하면서 거대한 시장이 열릴 것이다. 우리가 아는 대부분의 IT 기업들이 AR과 VR을 미래 시장의 주역으로 주목하는 단계에 와 있다.

가상과 현실의 결합

＿

증강현실Augmented Reality, AR과 가상현실Virtual Reality, VR 기술이란 정

확히 무얼 말하는 것일까? VR은 1980년대 중반 컴퓨터 과학자 재런 러니어Jaron Lanier가, AR은 1990년대 초반 보잉Boing 사의 토머스 코델Tomas Caudell이 처음 고안한 용어다. 1980년대 중반부터 1990년대까지 10여 년간 미국 항공우주국NASA, 항공사, 군을 중심으로 VR에 대한 집중 투자와 연구가 이뤄졌고, 1990년대 후반부터는 AR에 연구가 집중됐다. 그러나 당시 기술로는 가상현실을 제대로 구현하기 어려웠고 자연스레 세간의 관심에서 멀어졌다. 연구의 명맥만 유지해오던 증강현실 기술은 스마트폰의 등장과 함께 다시 주목받기 시작했다.

VR 기술의 핵심은 상상의 세상을 실감나게 구현하여 사용자에게 몰입감을 선사하며 가상의 감각(시각, 청각, 촉각, 후각, 미각, 운동감 등)을 통해 상호작용 하도록 만든다는 데 있다. VR과 AR 모두 가상의 세계를 체험하고 사용자의 상호작용 능력을 넓힌다는 점에서 기본적으로 유사한 기술이다. 그러나 VR이 '현실과 단절된 가상세계에서의 몰입과 상호작용'을 강조하는데 반해 AR은 '현실과 유기적으로 결합된 확장세계에서의 사실적 증강과 직접적 상호작용'을 강조한다는 차이점이 있다.

VR은 모든 환경과 상황을 가상세계 안에서 구현하기 때문에 3차원 모델링의 부담이 크다. 좀 더 효율적인 방식을 모색한 끝에 탄생한 것이 AR이다. 예컨대 비행기 조종사나 정비사를 훈련하기 위한 프로그램을 만들 때, 현실세계와 완벽하게 일치하도록 가상세계를 구현하기보다는 현실세계의 비행기 위에 가상의 부가 정보를 덧붙여주는 방식을 꾀한 것이다.

이후 폴 밀그램Paul Milgram 교수가 반대로 가상세계 안으로 현실세계의 정보를 가져오는 방식을 제안하면서 '증강가상Augmented Virtuality'이라는 용어가 만들어졌다. 예를 들어 AR은 실제 테이블에 놓인 모형 비행기 위에 가상의 데이터를 붙이는 것이고, AV는 가상의 우주공간에 이 비행기를 집어넣는 것이다. 또한 밀그램 교수는 AR과 AV 두 가지를 묶어서 '혼합현실mixed reality'로 부르자고 제안했다. 보통 AR이라고 하면 AR과 AV를 모두 포함하며, 현실과 가상을 섞는 것을 뜻한다. 여기에서 조금 더 나아가, 로널드 아즈마Ronald Azuma는 '현실로 가져온 가상 콘텐츠와 실시간으로 상호작용할 수 있느냐, 그리고 원하는 위치에 정확하게 3차원 콘텐츠나 정보를 불러올 수 있느냐'라는 기준으로 증강현실을 정의했다.

증강현실에 관한 세 가지 오해

대다수의 사람들이 AR을 일상적으로 활용하는 시대를 준비하기 위해 풀어야 할 몇 가지 문제를 함께 생각해보고자 한다. 첫째, AR에 대한 관심은 지속 가능할까? 둘째, VR과 AR은 선택의 문제인가? 셋째, AR의 핵심은 '콘텐츠'인가?

먼저 첫 번째, AR 기술에 대한 기대가 거품에 그치고 마는 것은 아닐지 살펴보자. 구글 트렌드로 살펴보면, '포켓몬고Pokemon GO'에 대한 사용자 관심도는 2016년 7월 출시되었을 때 폭발적으로 상승했다가 이후 두 달 만에 빠르게 감소했다. 포켓몬고에 대한 관심이 이렇게 빠르게 식는 현상을 보고 AR에 대한 관심 역시 일시적인 거품이 아니냐 하는 목소리도 나왔다.

포켓몬고 사용자가 지속적으로 늘어나지 못한 이유 중 하나는 개발자도 이렇게 갑자기 주목받으리라고 예상하지 못했기 때문이라고 생각한다. 길거리에서 포켓몬을 잡는 이 단순한 게임에 단기간에 많은 사람이 몰리면서 초기에는 서버 확충에 어려움을 겪었다. 새로운 비즈니스 모델과 연결하는 준비도 미흡했다. 예컨대 포켓몬을 잡으러 특정한 가게에 들어가면 보상을 받을 수 있는 형태의 비즈니

©Stewart Lamb Cromar

포켓몬고 증강현실 기반 모바일 게임. GPS로 측정한 사용자의 위치 정보를 이용하여, 사용자가 현실의 길거리를 돌아다니면서 가상의 게임 캐릭터를 포획할 수 있도록 만들었다.

스 모델을 처음부터 갖추고 시작했으면 더 성공했을 것이다. 이런 점에 미처 대비하지 못한 상태로 시간이 흘러갔다.

그러나 포켓몬고가 AR의 가능성을 보여준 부분도 분명히 있다. 바로 사람들의 행동 변화를 이끌어냈다는 점이다. 예전에는 방에서 혼자 게임을 하던 사람들이 밖으로 나와서 이야기를 나누기 시작하는 등 AR의 가능성을 보여주었다는 면에서 포켓몬고는 여전히 큰 의미가 있다.

두 번째로 AR과 VR 중 어느 것을 선택해야 하는지의 문제를 살펴보자. 두 기술은 주로 쓰이는 상황이 전혀 다르다. VR을 체험하려면 눈앞을 가리는 특정 기기를 착용해야 한다. 기기를 쓰고 돌아다니다가는 주변 장애물 때문에 부딪혀 위험해질 수 있으므로 주로 실내에 앉아서 체험한다. 거기에 비해 포켓몬고는 특별한 장비 없이 스마트폰만으로도 이용할 수 있는 AR 게임이다. 10대부터 60대까지 다양한 연령층이 밤새도록 포켓몬을 잡으러 돌아다니면서 게임을 즐길 수 있었던 이유다. 이렇듯 VR은 앉아서 잠깐씩, AR은 길거리를 걸어다니며 이용하기 때문에 상호보완적으로 활용될 수 있다. 일상생활에서는 AR을, 특수한 훈련에는 VR을 적절히 활용하는 식이다.

마지막으로 콘텐츠 산업에 모든 지원이 쏠리는 문제를 지적하고자 한다. 최신 기술이 한국에 들어오며 왜곡되는 일이 종종 일어난다. AR과 VR 분야의 경우 이 기술의 가장 시급한 개발 대상을 '콘텐츠'로 보는 시각이 큰 걸림돌이다. VR 기술은 새로운 미디어가 등장했다는 관점에서 봐야 하는데 정부의 관점은 그렇지 않다. 정부의 '9대 국가 전략 프로젝트'에 가상·증강현실이 들어가 있는데 제목과 달리 내용을 살펴보면 대부분 콘텐츠 개발 사업이다. 2020년에는 AR 시장이 90조 원, VR 시장이 30조 원 정도 규모에 달할 거라는 낙관적인 전망이 있는데, 이 120조 원 시장 가운데서 한국 정부는 콘텐츠 시장, 그중에서도 몇 퍼센트 차지하지 않는 게임 시장만을 바라보고 있는 것이다.

기술 간 융합으로 시장을 장악하라
———

현재 AR 시장에서 하드웨어의 비중이 작은 것은 사실이다. 모바일 AR의 경우 스마트폰을 기본으로 하고 여기에 액세서리를 추가하는 정도이기 때문이다. 한편 VR 시장을 보면 시장의 절반 정도를 하드웨어가 차지하고 있다. 제조업체가 군침을 흘릴 수밖에 없다. AR 시장에서 킬러 앱이 등장하면 스마트폰에서 안경 형태의 기기로 하드웨어가 바뀌는 지각변동이 일어날 수도 있다. 콘텐츠 역시 중요하지만 전체 시장 규모에서 콘텐츠 산업은 극히 일부분을 차지한다. 그러나 한국은 나머지 하드웨어 시장에 대한 대비가 미흡한 상황이다.

왜 이렇게 됐을까? 정부가 대형 과제를 내놓으면 연구기관은 살아남기 위해 지금까지 축적한 것, 쉽게 할 수 있는 것 위주로 연구를 기획한다. 그리고 채택되는 순간부터 인건비가 확보됐다고 여긴다. 그런 다음에는 새로운 인건비를 확보하기 위한 다른 기획을 하느라 기존 연구에 전념하지 않는다. 이러한 악순환이 계속되면서, '미래에 무엇이 필요한가'보다는 인건비를 안정적으로 확보하는 것이 우선시되어 연구가 왜곡되기도 한다.

정부가 주도하는 대형 과제에는 공통적인 문제점이 있다. 메가 트렌드를 영역별로 나누어 다룬다는 점이다. 이렇게 해서는 시너지 효과가 나지 않는다. 우리가 사회 문제를 해결하려 때, 개인 또는 특정한 기관이나 부문에서만 잘해서 풀 수 있는 문제는 많지 않다. 신산업도 마찬가지다. 단일 기술만으로는 변화를 이루어낼 수 없다. 예를 들어, 사물인터넷IoT 기술로 축적된 빅데이터를 해석하려면 인공지능 기술과의 긴밀한 협력이 필요하다. 이렇게 해석된 정보를 사용자가 직관적으로 이해할 수 있는 형태로 보여주는 것은 AR 기술의 몫이다. 가까운 미래에 사용자들이 어떤 서비스를 사용하게 될지, 그리고 그 서비스를 어떤 인터페이스를 통해 접하게 될지 그려보면서 AR 기술을 중심으로 다양한 기술들을 융합해보려 시도해야 한다.

페이스북이 증강현실의 생태계를 만든다면

———

VR과 AR이 세상을 바꿀 것이라는 전망은 이미 1990년대 미국에서부터 나왔다. 당시 VR 붐이 처음 일어나자 사람들은 거품이라고 생각했고, 2000년대 들어 VR은 계속 잊혀갔다. AR은 2000년

©Maurizio Pesce

페이스북이 꿈꾸는 차세대 커뮤니케이션 플랫폼 마크 저커버그 페이스북 CEO는 2017년 페이스북 개발자대회F8에서 스마트폰의 뒤를 이을 차세대 플랫폼으로 증강현실 기기를 지목했다. 저커버그는 안경처럼 착용 가능하며 가상 이미지를 현실세계에 투영해주는 '증강현실 안경'을 개발하여 어디서든 현실과 디지털 세계를 연결할 수 있도록 만들겠다는 목표를 밝혔다.

대 들어 학술대회까지 만들어졌지만 여전히 일반인에게는 낯선 단어였다. 스마트폰과 구글 글래스가 출시되었을 때 반짝 주목을 받다가 다시 관심이 시들해졌다. 그런데 지금은 상황이 달라졌다. 과거보다 입력장치의 인터페이스가 직관적이고 콘텐츠를 만드는 작업도 훨씬 쉬워졌다. 예전에는 VR을 연구한다고 하면 '부자 연구실'이라는 말을 들었다. 장비 하나 사는 데 억 단위로 돈이 들었기 때문이다. 하지만 지금은 몇 백만 원이면 된다. 이제 VR은 단순한 거품을 넘어 사람들이 쉽게 체험할 수 있는 수준으로 발전했다. 마크 저커버

그Mark Zuckerberg 페이스북 CEO는 앞으로 더 많은 사람들이 인터넷에 연결될 것이고 10년 이내에 AR과 VR이 시장을 주도하는 신기술이 될 것이라고 전망했다. 이후 포켓몬고 열풍이 더해지면서 폭발적으로 관심이 증가했으며, 실제로도 이미 상당한 돈이 투자되고 있다. 페이스북이 VR 기기 전문 업체 오큘러스Oculus에 2조 4000억 원을 투자하면서 시장을 이끌고 있다. 오큘러스에 이어 두 번째로 주목받는 곳은 매직리프MAGIC LEAP이다. 매직리프는 보유 기술을 공개한 것도 아니고 유튜브에 가상 시나리오 영상을 올린 것만으로 조 단위 투자액이 몰려 화제를 모았다. 삼성전자를 비롯한 국내 기업도 긴장해야 한다. 자칫하면 페이스북이 이끄는 시장에 완전히 끌려가는 신세가 될 수도 있다.

먼저 만나는 미래

VR은 다양한 방법으로 사람의 감각을 속인다. 이를 위해 데스크톱, 태블릿, 안경 형태는 물론이고 콘택트렌즈 디스플레이까지 개발됐다. 안경형 디스플레이 가운데서도 새로운 가능성을 보여주고 있는 것이 옵티컬 시스루optical see-thru 안경이다. 일반인이 보기에는 아직 답답하고 불편한 형태로 보일 수 있겠으나, 전문가들 사이에서는 이미 아이폰 이상의 큰 변화를 만들어내고 있다. 이 플랫폼을 가지고 있느냐로 이 분야에서 일류가 되느냐 삼류가 되느냐가 갈릴 정도다.

멕시코에서 열리는 AR 학회에 참석했더니 마이크로소프트의 홀로렌즈Hololens를 쓰는 연구실과 안 쓰는 연구실 사이에 기술 격차가 나타나기 시작했다는 걸 알 수 있었다. 2015년 미국에서는 가장 경쟁력 있는 연구실 10곳을 뽑아 10만 달러와 홀로렌즈를 무상으로 지원했다. 그 10개 연구실에서 최근 들어 상당히 유망한 연구결과가 나오기 시작했는데, 이렇게 장비를 갖춘 연구실과 그렇지 않은 연구실의 격차는 점점 더 벌어질 것이다. 홀로렌즈에는 카메라 6대가 들어가 있어서 쓰는 순간부터 실시간으로 가상공간에서 상호작용을 할 수 있다. 음성과 동작으로도 작동한다. 아직은 초기 단계지만 손가락과 양 손, 눈동자를 가지고 콘텐츠를 선택할 수 있게 만드는 연구가 진행 중이다. 현실 공간의 장애물을 실시간으로 감지해서 가상공간에 똑같이 반영하는 연구도 하고 있다.

다른 VR 관련 장비로 HTC에서 개발한 바이브VIVE가 있다. 집에 센서를 붙이면 그 센서가 기기를 추적하여 여러 사람이 같이 체험할 수 있는 소프트웨어 패키지를 제공하는 방식이다. 페이스북이 야심차게 준비 중인 '소셜 VR'은 착용하는 순간 가상 공간에 접속해 친구를 만날 수 있게 해주는 기기다. 가상 공간에서 친구와 사진을 찍어 페이스북에 바로 올릴 수도 있다. 페이스북도 처음에는 텍스트에서 출발했지만 이미지, 비디오, 360도 비디오까지 콘텐츠를 확장해왔다. 이제 페이스북은 가상현실을 체험하고 공유하는 플랫폼이 되려는 전략을 세우고 있다.

또 하나, 혼합현실 기기 개발사인 메타META도 주목할 만하다. AR 분야 연구를 일찍부터 시작한 두 교수가 참여하고 있다. 기술력이 우수하고 특허도 많이 가지고 있으나 아직 주목은 덜 받는 상황이다. 혼합현실 기기의 시야각을 기존의 30도에서 90도로 획기적으로 늘린 기술력을 가진 회사다.

드론에서 문화재 해설까지, 증강현실의 무한한 가능성

이런 장비들을 우리 생활 속에서 어떻게 활용할 수 있을까? 물론 VR과 AR이 모든 분야에 쓰이는 것은 아니다. 우리가 책을 읽거나 문서를 작성할 때 군이 VR 안경을 낄 필요가 없는 것과 같은 이치다.

VR에 대한 수요가 높은 곳은 우선 교육 분야이다. 의료 인력을 교육할 때 VR 시뮬레이션으로 동물 해부 실험을 대체하거나 보조하는 식이다. 보잉 사나 NASA 등에서는 이미 정비사 훈련 때 홀로렌즈를 사용한다. 글만 읽어서는 이해하기 어려운 내용을 3차원 콘텐츠로 만들어 파악하기 쉽게 만들거나, 위험한 화학 실험을 가상현실 실험으로 대체하는 학교도 있다.

기업은 사물인터넷, 증강현실, 결제시스템을 연동하려는 시도를 계속 해나가고 있다. 이 기술이 상용화되면 길을 가다가 멋진 옷이 보이는 즉시 정보를 찾아서 구입할 수 있을 것이다. 가구업체 이케아IKEA는 VR로 내 방에 가구가 어떻게 배치될지를 미리 체험해보게 하

교육과 훈련에 활용되는 가상·증강현실 기술 증강현실 기술을 활용한 교육 콘텐츠(위). 가상현실 기술을 활용한 유럽우주국ESA의 우주선 화재 진압 시뮬레이션(아래).

여 반품율을 15퍼센트포인트 낮추는 효과를 거두기도 했다.

AR과 VR이 가장 잘 활용될 수 있는 영역은 문화재 분야다. 예를 들어 문화재가 소실되었을 때 성급하게 건물을 복원하기보다 VR과 AR

로 문화재를 감상할 수 있도록 안내하며 원형 보존과 복원 기술 개발을 위한 시간을 벌 수 있다. 유럽은 이미 많은 유적지에서 이러한 방법을 사용하고 있다. 앞서 기술 간 융합의 중요성을 강조했는데, 문화재 분야 역시 마찬가지다. AR 기술과 인문·역사 데이터베이스가 결합되면 이용자가 시공간을 초월하여 문화재가 있는 현장에서 과거의 역사적 사건을 체험할 수 있도록 돕는 것도 가능하다.

지금은 우리가 웹 기반의 평면 데이터를 주로 보지만 미래에는 3차원 지도 위에 다양한 정보가 얹혀진 입체 데이터가 등장할 것이다. 이를 위해서는 현실 속 물리공간을 측정해서 가상공간을 만들고, 현실과 가상을 결합하는 작업이 필요하다. 물체를 인식하고 추적하는 기술이 있어야만 가능한 일이다. 그런데 선진국에서는 이 기술이 어느 정도 완성 단계에 접어든 반면 한국 기업에서는 관련 연구를 거의 하지 않고 있는 실정이다.

현실과 가상을 결합하는 데 그치지 않고, 다음 단계로 나아가려면 사물인터넷과 연동하여 양방향으로 상호작용할 수 있는 콘텐츠가 필요하다. 사용자의 상황을 이해하여 '제때 필요한 정보를 줄 수 있는가just in time information'가 중요하다. 또한 사람들이 편리하게 이용할 수 있는 다양한 인터페이스를 제공하는 것도 큰 과제다. 예컨대 가상의 물체를 만질 때 손가락이 손등에 가려 보이지 않거나 손이 시야 바깥에 있더라도 손의 움직임을 추적할 수 있어야 한다.

AR을 연구하는 회사는 헤아릴 수 없을 만큼 많고 관련 앱도 수없이 출시되었다. 그러나 앱들이 규격화 되어 있지 않고 데이터를 어떻게 공유하게 만들지에 대한 고민이 부족해 보인다. 우리가 살고 있는 물리적인 세상과 거기에 대응하는 가상세계가 있고, 여기에 지도를 기반으로 정보나 사회적 지혜까지 하나로 묶이는 시대가 온다면 데이터를 어떻게 관리할 것인가? 시장 변화에 대비하기 위해서는 이 질문에 대한 답이 필요한데 아직 한국 기업은 준비가 너무 부족하다. 새로운 미디어의 등장이라는 큰 흐름을 읽지 못하고 콘텐츠를 멋지게 만드는 데만 관심을 가지면 곤란하다. 비디오 물체인식→카메라 위치추적→콘텐츠 렌더링→인터랙션. 이것이 AR을 구동하는 기본 사이클이다. 다양한 데이터와 지도, AR, VR, 사물인터넷 등의 기술을 이 사이클과 적절히 융합할 때 새로운 시장을 열 수 있다.

증강현실에서 '증강휴먼'으로

그렇다면 우리는 앞으로 어떻게 해야 할까? 많은 이들이 '콘텐츠는 왕이다Contents is King'라는 말을 금과옥조로 여긴다. 하지만 콘텐츠를 만들어서 언제, 어떻게, 누구를 위해 쓸 것인지를 생각해보면 '맥락은 여왕이다Context is Queen'라는 말이 따라붙어야 하지 않을까 싶다. 그보다 더욱 중요한 것은 사용자가 개입해서 끊임없이 콘텐츠를 만들어내는 생태계를 꾸리는 일이다. 즉 '사용자는 신User is God'이다. 사용자가 AR을 활용해 계속 콘텐츠를 만들고 축적할 수 있는 길을 열어줘야 하는데 최근 만들어지는 플랫폼에는 이런 고민이 없다. 페이스북은 누구나 쉽게 AR과 VR 콘텐츠를 만들 수 있는 플랫폼의 역할을 노리며, 네트워크·콘텐츠·디바이스 회사를 묶어서 전체 생태계를 이끌며 저력을 발휘하고 있다. 현재 미국은 페이스북 외에도 구글, 마이크로소프트 등 주요 IT 기업들이 뛰어들어 서로 인재를 스카우트하고 있는데 한국 기업은 서로 눈치만 보고 있는 형편이다.

　숙제는 지속 가능한 생태계를 어떻게 만드느냐이다. 반복해서 강조하지만 콘텐츠로만 AR에 접근해서는 안 되고, 사람의 능력을 확장하는 새로운 기술이자 미디어로 AR을 봐야 새로운 길이 열린다. AR 기술이 부디 사람의 육체적·지적·사회적 능력을 확장하는 데 쓰이기를, 그리하여 AR의 다음 단계는 증강 인간Augmented Human이기를 바란다. 기술이 현실을 증강하는 데서 끝나지 않고, 사람의 능력을 확장하는 데 쓰이면 좋겠다는 의미다. 이제는 한국 기업도 과감한 선택을 내릴 때가 됐다. AR 기술을 사람의 능력을 확장하는 용도로 활용하면서 새로운 비즈니스 모델도 만들어낸다면 한국 기업에게도 기회가 열리지 않을까 생각한다.

04

—

3D 바이오 프린팅

—

세포부터 장기 재생까지,
3D 프린팅과 조직공학이 만드는 미래

—

조동우
POSTECH 기계공학과 교수

—

3D 프린터로 피규어를 만들듯 뼈나 심장을 인쇄할 수 있다면 어떻게 될까? 장기 기증자를 기다리지 않고 맞춤 제작된 장기를 몸에 이식할 수 있다면 어떨까? 바이오 3D 프린팅 기술은 장차 이 같은 기적을 이뤄낼 혁신 기술이다.

조동우

서울대학교 기계공학과에서 학사 및 석사 학위를 받았고 위스콘신대학교 매디슨 캠퍼스에서
기계공학 박사를 취득했다. 1986년부터 포항공과대학교 기계공학과 교수로 재직하고 있으며
2010년부터 포항공과대학교 부설연구소 창의적연구진흥사업단 쾌속조형기반 조직/장기 프린
팅 연구 단장을 역임하였다. 2015년 포항공과대학교 남고석좌교수로 추대되었다.

인간은 여러 가지 사고나 질병으로 인해 몸에 작은 상처를 입기도 하고 심각한 신체 손상을 경험하기도 한다. 상처가 작은 경우에는 우리 몸이 가진 자연 치유 능력으로 회복할 수 있지만 장기나 뼈에 문제가 생기는 경우에는 회복하기 어렵다. 이런 문제를 장차 해결해나갈 미래 기술이 바로 조직공학이다.

조직공학은 1980년대에 연구가 시작된 학문으로, 손상된 조직(뼈, 연골, 지방)이나 장기를 재생해내는 기술 개발을 목표로 한다. 그중에서도 최근 각

> **3D 프린팅 기술**
> 3차원 공간 내에서 각 평면마다 재료를 적재적소에 배치하고, 이를 높이 방향으로 쌓아올려 입체 구조물을 출력하는 기술.
>
> **인공 지지체**
> 이식된 세포 또는 이식 부위의 주변 세포가 성장할 수 있도록 지지 역할을 하는 구조체로서 하이드로젤 또는 의료용 고분자 등 생체에 적합한 물질로 제작한다.

광받고 있는 3D 바이오 프린팅은 3D 프린팅 기술을 활용하여 인공 지지체를 만들고 그 안에 세포를 배양하여 환자의 몸에 이식하는 기술이다. 시간이 지나면 지지체는 몸속에서 분해되어 사라지고, 그 자리를 환자의 세포나 조직이 대체하면서 회복과 재건이 이루어지게 된다.

인공장기를 프린팅하는 미래

3D 프린팅은 다른 가공 방식에 비해 정밀도는 다소 떨어지지만 아무리 복잡한 형상이라도 만들어낼 수 있다는 장점이 있다. 또한 결손 부위나 모양이 천차만별인 환자들 모두에게 맞춤형 치료가 가능한 것이 특징이다. 3D 프린터가 3차원 형상의 디지털 정보를 가져와서 한 층 한 층 쌓아나가며 모양을 잡아나가는 것처럼, 3D 바이오 프린팅도 비슷한 방식으로 진행된다. 일반 플라스틱이나 금속 파우더가 아니라 생체에 적용할 수 있는 '바이오 잉크'를 사용한다는 점이 차이의 핵심이다. 이 잉크는 인체에 이식되고 나면 생분해되어야 하고, 레이저를 이용해 가공하기 때문에 광경화성(빛을 만나면 굳는 성질)을 지니고 있어

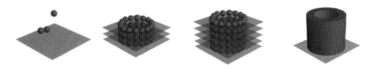

세포 프린팅 과정 개념도

야 하는데 이 두 가지 조건을 만족하는 재료를 찾는 것이 쉽지 않다. 특수 플라스틱을 사용한 바이오 잉크 가운데 지금까지 미국 식품의약국FDA의 승인을 받은 제품은 하나도 없다.

이 사실은 연구의 전환점이 되었다. 플라스틱 재료 대신 세포나 단백질 같은 생체 재료를 잉크화해서 사용하면 기능도 훨씬 우수하고 인체 적합도가 높아진다. 우리 포항공대 연구진은 이 아이디어에 착안해 재료 검증 통과와 임상 적용을 목표로 새 시스템을 구축했다. 지방 조직, 심근 조직, 연골 조직 등을 가지고 연구를 진행했고 실제로 완벽하게 재생에 성공한 사례들도 확보했다. 최근에는 각막, 피부, 혈

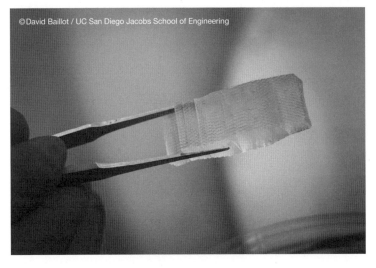

©David Baillot / UC San Diego Jacobs School of Engineering

맞춤형 척수 임플란트 척수 손상 환자의 MRI 스캔 데이터를 이용하여 제작된 척수 임플란트. 3D 바이오 프린팅 기술을 이용하면 환자의 손상 부위에 퍼즐처럼 들어맞는 정교한 이식물 제작이 가능하다.

관 등 다양한 재료를 연구하고 있다. 대상이 뼈 조직이냐, 연골이냐에 따라 적용하는 재료와 가공 과정이 달라지기 때문에 하드웨어와 소프트웨어를 다양하게 구축해 여러 종류의 조직을 재생해내는 것이 연구 목표다. 이 기술이 안정화되면 인공장기를 프린팅하는 미래가 앞당겨질 것으로 보인다.

수술실로 들어온 3D 프린팅 기술

조직 공학의 역사는 30년이 넘었지만 아직도 성공 사례는 많지 않다. 조직공학 분야에서 이식에 성공한 최초이자 대표적인 사례는 BBC 방송에 보도된 한 영국 여성의 케이스다. 폐렴으로 한쪽 기도가 막혀 한쪽 폐가 거의 괴사 직전 상태인 환자였다. 사체에서 기도를 가져와 탈세포화 한 후, 거기에 환자의 세포를 배양했다. 불과 4~5주 만에 계단도 오르내리기 힘든 수준에서 뛰어다닐 수 있는 수준까지 폐 기능이 향상됐다. 기도 이식에는 성공했지만 다른 장기에 적용하기에는 어려움이 많다. 사체에서 장기를 가져오는 것 자체가 위험성이 높은 일인데다, 기도보다 형태가 복잡한 장기는 이식하기가 훨씬 까다롭기 때문이다.

뒤이어 처음으로 3D 프린팅을 조직공학에 적용해 임상에서 성공한 것은 미국의 웨이크포레스트 대학 연구진이다(웨이크포레스트 대학은 조직공학 분야에서 선두주자로 꼽히는 학교다). 이들은 방광 세포를 배양

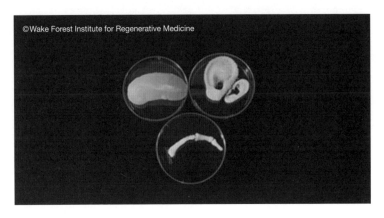

©Wake Forest Institute for Regenerative Medicine

신장, 귀, 손가락 뼈 모양 지지체 줄기세포 배양을 위한 지지체. 각 기관의 환경에 맞추어 세포가 성장할 수 있도록 돕는 생체 틀이다.

해 4~5명의 환자를 치료했다. 방광은 세포도 두 종류뿐이고 장기의 형태가 단순해서 임상 적용이 비교적 쉬운 편이었기에 가능한 일이었다. 또다른 성공 사례로는 미시간대 병원의 어린이 환자가 있다. 연골 연화증을 앓고 있어서 기침만 잘못해도 연골이 부러지기 일쑤였는데, 3D 프린팅으로 기관지에 지지대를 만들어주었다. 이와 비슷한 방식으로 환자 6~7명을 치료했다는 후속 보고도 있다.

국내에서도 우리 포항공대 연구진이 3D 프린팅 구조물을 제작하고 서울성모병원 성형외과 이종원 교수가 집도하여 이식 수술에 성공한 사례가 있다. 열 살 때 암에 걸려서 방사선 치료를 받은 환자였다. 방사선 치료는 뼈 성장에도 영향을 미치기 때문에, 그 환자는 양쪽 뺨의 높이가 1센티미터가량 차이가 났다. 환자의 CT 이미지를 받아서 정상인 쪽의 뼈 모양을 대칭적으로 똑같이 재현했는데, 이 지지체는 3D 바이오 프린팅을 활용해 생분해성이 있는 재료로 만들었다. 보통 이런 수술은 6시간 정도 걸리는데 이 수술은 2시간 만에 끝났다면서 집도의는 만족감을 표했다. 수술이 끝나고 경과도 좋았다. 환자가 방송에서 인터뷰를 하면서 "그동안은 얼굴을 보여주지 않으려고 일부러 머리를 기르고 다니고 대인기피증도 있었는데, 이제는 머리도 짧게 자르고 친구도 만나러 다닌다"고 이야기해서 뿌듯했던 기억이 있다.

이처럼 요즘에는 환자의 CT 이미지나 MRI 영상 자료를 바로 전산화해 3D 프린팅으로 지지체를 만들어 수술실로 보낼 수 있다. 초기에 비해 시행착오가 많이 줄어들었다. 앞서 설명했듯 생분해성 재료를 사용하기 때문에 지지체는 치료가 끝나면 자연히 녹아 없어진다. 몸 안에 들어간 지지체를 다시 꺼내는 2차 수술이 필요 없다는 점도 의사와 환자 모두의 부담을 덜어주는 요소다.

암 치료 패치부터 인공 피부까지

의학 분야에서 3D 프린팅 기술은 이렇게 환자 자신의 조직을 재생하는 데 주로 쓰이지만 또다른 중요한 역할도 있다. 우선 스텐트(혈관 및 기도 폐색 등을 막기 위해 삽입하는 실리콘이나 금속 재질의 관 모양 장치)를 만드는 데 유용하게 쓰인다. 요즘에는 3D 프린팅 학회 안에 스텐트 학회가 따로 있을 정도로 떠오르는 분야다. 몇 해 전 기도가 막힌 어린이 환자의 기도를 뚫어주는 수술을 했는데 상처가 아물듯이 기도가 계속 다시 막혀서 이물질이 들어가면 배출하지 못하는 어려움을 겪었다. 이 환자에게 3D 프린팅을 활용해 맞춤형 스텐트를 만들어주었다. 이 밖에도 암 치료에 3D 프린팅이 쓰이기도 한다. 암 수술을 하는데 상태가 극히 나쁘면 눈에 보이는 암 조직도 다 떼어내지 못하는 경우가 있다. 이럴 때 조직을 떼어낸 부위에 항암제가 프린팅된 패치를 붙여서 나머지 암 조직의 크기를 줄이는 방식으로 치료해볼 수 있다. 간경변, 당뇨병 치료에도 패치를 붙이는 방식이 연구되고 있다. 작은 구조체 안에 도파민을 분비하는 세포를 넣고 뇌에 주사하는 동물 실험도 진행 중이다. 만약 이 실험이 성공한다면 파킨슨 병 치료법을 마련하는 데 큰 도움이 될 것으로 보인다.

인공피부 연구도 진행 중인데 당장은 환자 치료보다 화장품 회사에서 동물 실험을 대체하는 것이 우선적인 목표다. 최근 들어 유럽을 중심으로 동물 실험을 거친 화장품의 수입을 금지하는 국가가 늘고 있어 화장품 기업의 관심이 여기에 모이고 있다. 화장품 테스트에 필요한 23가지 조건을 전부 만족하는 인공피부 모델이 현재 네 종류 있는데 전부 수입품이고, 가격도 비싸고, 표피층에만 실험할 수 있다고 한다. 국내 연구진이 3D 프린팅으로 진피층까지 실험할 수 있는 인공피부 개발에 성공한다면 거대한 시장이 열릴 것이다.

그 밖에 의사들끼리 수술 계획을 세우면서 회의를 하거나 환자에게 수술 방식을 설명할 때 3D 프린팅 기술을 사용하기도 한다.

세포를 직접 프린팅하다

앞서 설명한 바와 같이 지지체에 배양된 세포를 이식하여 조직이
나 장기를 재생하는 것이 조직공학의 핵심이다. 하지만 최근 들어서
는 지지체 없이 직접 세포를 프린팅하여 3차원 구조물을 만들려는 연
구가 활발하게 이루어지고 있다. 조직공학 학회에서 바이오 잉크 관
련 세션이 늘고 있는 것으로도 세포 프린팅에 대한 뜨거운 관심을 알
수 있다. 최종 목표인 장기 프린팅까지는 기술적으로 가야 할 길이 멀
다. 하지만 세포 단위의 배열을 가능하게 할 수 있는 프린팅 기술을
통해 새로운 가능성을 열 수 있을 것으로 기대된다.

재생하고자 하는 장기가 어떤 조직으로 구성되어 있는지에 따라
서 바이오 잉크의 재료는 다양해질 수 있다. 유방암 환자의 유방 재
건술에는 지방 조직이 바이오 잉크로 쓰이고, 소이증(귓바퀴의 형성 부진
으로 모양이 변형되는 증세) 환자 수술에는 연골 조직과 지방 조직이 바이
오 잉크로 쓰일 수 있다. 포항공과대학 연구실에는 심근 조직, 지방 조
직, 연골 조직에 대한 바이오 잉크 연구 결과가 축적되고 있다. 관상
동맥에 피가 잘 통하지 않으면 심근 조직이 죽기 시작하고, 심장 벽
이 얇아지면 심장 기능이 떨어진다. 이런 심장 벽에 혈관세포를 프린
팅해서 얇은 시트를 만든 뒤 붙였더니 일부는 심근 조직이 되고 일

부는 혈관이 되었다. 얇아졌던 심장 벽의 두께가 8주 만에 본래 두께의 90퍼센트까지 회복되는 것을 확인했다.

이처럼 바이오 잉크로 사용하는 재료는 다르지만 원리는 모두 같고, 동물에 적용한 실험 결과도 좋은 편이어서 지금은 거의 모든 조직에 대해 바이오 잉크를 만들어낼 수 있다. 몇 가지는 상당히 연구가 진전되었으나, 세포 프린팅 허가 절차가 복잡해서 실제로 적용되기까지는 많은 시간이 걸릴 것으로 보인다.

굳이 통계치를 인용하지 않더라도 국내 장기이식의 열악한 상황에는 모두가 통감할 것이다. 다른 나라들도 마찬가지로 장기이식을 기다리는 사람들의 숫자는 매년 어마어마하게 늘어나는데 장기 기증자 수는 10년째 비슷하다. 운 좋게 장기이식을 받더라도 면역억제제를 먹어야 하는 등 부작용을 겪는 경우도 많다. 조직공학 분야 연구가 아직은 초보 단계지만, 앞으로 환자 자신의 세포를 배양해 활용할 수 있게 되면 이런 부작용을 크게 줄일 수 있을 것으로 기대된다. 3D 프린팅 기술이 조직공학 시장에서 차지하는 비중이 점점 커지고 있고, 창업에 뛰어드는 졸업생도 생겨나고 있다. 조직공학의 미래에 대해 희망을 갖게 해주는 청신호들이다.

05

—

자율주행 자동차

—

스마트한 자동차의
시대가 온다

—

선우명호

한양대학교 미래자동차공학과 특훈교수

—

스스로 차선을 따라가고 앞 차와의 간격을 유지하는 지능적인 자동차. 자율주행 자동차는 4차 산업혁명 기술의 집약체다. 더 안전하고 쾌적한 이동 환경을 만드는 기술이자 강력한 시장 잠재력을 가진 자율주행 자동차 산업의 현황과 전망을 알아본다.

선우명호

한양대학교 전기공학과를 졸업했다. 텍사스대학교 오스틴 캠퍼스에서 전기공학 석사과정을 밟았으며 오클랜드대학교에서 시스템공학 박사를 취득했다. 제네럴모터스General Motors에서 연구원으로 활동하다 1993년부터 한양대학교 미래자동차공학과 교수로 재직 중이다. 미국 자동차공학회SAE 석좌회원Fellow, 한양대학교 경영부총장, 제28차 세계 전기자동차 학술대회 및 전시회EVS28 대회장, 세계전기자동차협회WEVA 회장, 미래부·산업부·국토부 공동 주관 미래 성장동력 스마트자동차 추진단장, 대통령 국가과학기술자문위원회 자문위원을 역임한 바 있다.

문명이 발달한 뒤로 인간의 삶을 가장 획기적으로 바꿔놓은 발명품으로 자동차를 꼽을 수 있을 것이다. 그동안 이동의 편의를 제공했던 자동차 산업은 기계 중심에서 전자·전기·정보통신·에너지 기술을 망라하는 첨단 산업으로 변모해가는 중이다. 그 중심에는 '미래 먹거리 기술'로 떠오른 자율주행 자동차가 있다. 최근에는 전통적인 자동차 제조기업은 물론 글로벌 IT 기업까지 자율 자동차 산업에 뛰어들어 시장에서의 격돌이 예고되고 있다. 130년 역사의 자동차 산업이 대변혁의 기로에 서 있는 것이다.

자율주행 자동차의 운전자는 AIartificial intelligence(인공지능)다. 정교하게 프로그래밍 된 AI가 탑재되어 있어야 도로 상황을 인지하고 돌발 변수에 대응하며 빠른 속도로 주행하는 일이 가능해진다. 뿐만 아니

운전석에 핸들이 없는 구글의 자율주행 자동차

라 위치 정보 기술, 센서 융합 기술, 고정밀 지도 기술, 빅데이터 기술 등 다양한 기술이 복합적으로 적용되어야 한다. 자율주행 자동차가 4차 산업혁명 기술의 집약체로 평가받는 이유다.

자동차 엔지니어는 규제를 즐긴다

자율주행 자동차 산업을 이해하기 위해서는 먼저 자동차 산업을 이해해야 한다. 자동차는 휴대전화나 텔레비전과는 달리 세 가지 규제의 장벽을 넘어야 하는 상품이다. 환경(일산화탄소·탄화수소·질소산화물 배출량), 연비(에너지 효율과 이산화탄소 배출량), 안전에 관한 규제다. 각국의 규제 정책에 맞추지 않으면 판매할 수 없으며, 그 기준은 갈수록 엄격해지고 있다.

예컨대 유럽 국가에서 차를 팔기 위해서는 자동차가 1킬로미터를 달릴 때 이산화탄소 평균 배출량이 130그램을 넘지 않아야 한다. 130그램이 넘어가면 1그램당 5유로씩 자동차 회사가 벌금을 내야 한다. 이 기준치가 2020년에는 1킬로미터당 95그램, 2025년에는 75그램(예상)까지 낮아질 예정이다. 이 기준이 잘 와닿지 않는다면 길에서 흔히 보는 쏘나타나 SM5를 떠올려보자. 이런 차들은 보통 1킬로미터 달릴 때 이산화탄소를 170~190그램가량 배출한다.

이산화탄소 배출량을 줄이려면 무게를 줄여야 한다. 하지만 자동차는 안전성 규제도 받기 때문에 차체 무게를 획기적으로 줄이기가 어렵다. 차체가 너무 가벼우면 충돌시 탑승자의 안전을 확보하기 어려워진다. 엔진 크기를 줄이는 것 또한 쉽지가 않다. 우리나라 지형은 산이 많은데 작은 엔진으로는 오르막길 주행이 힘들기 때문이다.

환경 보호와 안전성 확보, 언뜻 양립하기 어려울 것 같은 두 가

전기로 운행되는 자율주행 버스 프랑스 기업 이지마일EasyMile에서 개발한 자율주행 버스 EZ10. 전기로 운행되는 친환경 자동차로 프랑스, 독일, 핀란드, 대만 등 각국에서 시범 운행 하고 있다.

지 목표를 동시에 이루기 위해 자동차 회사는 여러 가지 방법을 쓴다. 1년에 판매하는 차량 가운데서 전기차 비중이 1퍼센트가 넘으면 이산화탄소 배출량을 감면해주는 제도가 있다. 그래서 자동차 회사는 전기차나 하이브리드 자동차 생산에 힘쓰는 한편, 일반 차량은 공회전시 엔진이 자동으로 꺼지도록 설계한다.

또한 교통사고로부터 자유로운Accident Free 자율주행 자동차, 이른바 '스마트 카' 연구도 진행되고 있다. 1년 동안 전 세계에서 자동차 사고로 목숨을 잃는 사람은 130만 명에 달한다. 매년 울산시 인구 정도의 사람들이 교통사고로 목숨을 잃는 것이다. 그런데 대부분의 교통사고는 운전자 부주의로 일어난다. 스스로 차선을 따라가고 앞 차와의 간격을 유지하는 스마트한 자동차를 만든다면 교통사고를 줄일 수 있지 않을까? 바로 이런 고민에서 자율주행 자동차 연구가 시작됐다.

새 규제 법안이 도입되면 보통 자동차 회사 CEO들은 이를 악재로 여긴다. 하지만 나는 자동차 엔지니어를 꿈꾸는 학생들에게 "엔지니어는 규제를 즐겨야 한다"라고 조언한다. 규제가 생겨나면 연구를 위한 새로운 투자가 일어나고 인력도 필요해진다. 시장의 후발주자에게도 새로운 비즈니스 기회가 열릴 수 있다. 후진 기어를 넣을 때 차량 뒤쪽을 보여주는 후방 지원 보조Back-Up Aid, BUA 시스템이 의무화되면서 차량용 카메라 수요가 폭발적으로 늘었다. 스쿨존에서 어린이가 지나가면 자동으로 차량이 정지하는 자동 긴급 브레이크 시스템Autonomous Emergency Breaking, AEB이 의무화된다면 관련된 차량용 센서 시장이 성장할 수 있을 것이다.

자율주행은 앞으로 30년간 자동차 산업의 핵심 기술이 될 것이다. 이미 세계 각국은 경쟁적으로 자율주행 자동차 연구에 뛰어들고 있다. 자율주행 자동차 연구의 선발주자 격이라 할 수 있는 미국은 GM 등 자동차 기업뿐 아니라 정부 차원에서도 적극적인 관심을 보이고 있다. 미 국방부는 2004년부터 'DARPA 챌린지'라는 자율주행 자동차 경주대회를 열어 우승팀에 200만 달러 규모의 연구비를 지원하고 있다. 스탠퍼드대-폭스바겐, 카네기멜론대-GM, 미시간대-포드처럼 대학과 기업의 연계도 활발히 이루어지고 있으며, IT 기업인 구글도 2010년부터 계속 자율주행 자동차를 개발해오고 있다. 유럽은 독일 폭스바겐 사와 브라운슈바이크 공과대학, 그리고 메르세데스벤츠 사와 칼스루헤 공과대학이 연구에 나서고 있다.

IT, 자동차 안으로 들어오다
——

자율주행 자동차의 핵심 기술은 크게 네 가지로 나눌 수 있다. GPS 등을 이용해 정확한 위치를 알려주는 위치 정보Localization 기술, 센서를 사용해 주변 환경을 읽어들이는 환경 인식Perception 기술, 주행 경로를 결정하는 경로 생성Path-planning 기술, 그리고 자동차 제어 기술이다. 이 네 가지 기술을 조화롭게 이용하여 어떤 상황에서도 달릴 수 있어야 진정한 자율주행 자동차라고 할 수 있다. 언젠가 미국 미시간에서 열린 포럼에서, 서울에서 진행한 도로주행 실험 영상을 보여주며 농담 삼아 "이렇게 열악한 상황에서 실험했기 때문에 세계 어디에 내놓아도 자신 있다"고 말했다. 그러자 뒤에서 한 학생이 손을 들면서 "인도 뭄바이는 가봤나?"라고 물어 다같이 웃은 일이 있다. 이렇게 나라마다 차선과 교통신호 체계가 다르고, 한 나라 안에서도 지역·시간대·날씨 등 수많은 변수에 따라 교통 상황은 크게 달라질 수밖에 없다.

자동차는 한 번 사면 10년 이상 사용하는 제품이다. 많은 학자들이 '어떻게 자율주행 자동차의 지능 수준을 지속적으로 업데이트

서울 시내를 시험 주행하는 한양대학교의 자율주행 자동차 A1

할 수 있을까?'를 고민하고 있다. 자율주행 자동차의 가격과 보안 문제도 해결해야 할 과제다.

앞으로 자동차 산업의 핵심은 기계적인 발전보다 IT 기술과의 융합이 될 것으로 보인다. 이미 실리콘밸리에는 폭스바겐, 현대자동차, BMW, 혼다, 포드, 토요타 등 자동차 회사들이 IT 기업들과 함께 입주해 연구하고 있다. 실리콘밸리가 자동차 산업의 새로운 메카로 떠오른 것이다. 구글을 필두로 인텔, 애플, 페이스북, 트위터, 아마존, 퀄컴Qualcomm 같은 IT 기업 역시 자동차 산업에 어떤 형태로 발을 담글 수 있을지 고민하고 있다. 자동차가 모터쇼가 아닌 CES Consumer Electronics Show(매년 1월 미국 라스베이거스에서 열리는 소비자 가전 전시회)에 등장하는 것도 더 이상 낯선 일이 아니다.

미래 자동차 산업의 승자는 누가 될까?

———

자율주행차의 성패를 가르는 승부처는 역시 데이터다. 구글이 자율주행차를 선보일 수 있었던 이유도 구글맵을 통해 축적한 방대한 데이터 덕분이다. 구글은 전 세계 위치 정보의 60퍼센트를 가지고 있다. 자율주행이 시작되면 지도 데이터는 엄청난 자원이 된다. 주행 경로와 주행 환경, 위치 정보에 관한 데이터를 풍부하게 보유한 IT 기업들이 시장을 주도할 열쇠를 쥐고 있는 셈이다.

그러나 단순히 데이터를 많이 가지고 있다고 해서 승자가 될 수는 없다. IT 기업이든 자동차 기업이든, 빅데이터와 인공지능 기술을 얼마나 정교하게 이해하고 활용할 수 있는가에 따라 승자가 가려질 것이다. 데이터를 수집하고 가공하고 활용하는 데서 뛰어난 능력을 보여주는 기업 가운데 하나가 아마존이다. 이들은 단순한 상품 추천을 넘어 소비자의 필요와 욕구를 읽고 적시에 맞춤형 상품을 공급하는 숙련된 서비스를 선보이고 있다.

전통적인 자동차 제조사에서도 데이터 자산을 활용할 방법은 있다. 세계에서 전기차를 가장 많이 판매한 닛산의 사례가 좋은 예다. 닛산은 미래 자동차 시장을 염두에 두고 운전자들의 데이터를 모았다. 전기차의 위치를 실시간으로 모니터링할 수 있게 만들어 운전자들의 운전 패턴에 관한 데이터를 수집한 것이다. 이 데이터들이 훗날 닛산의 경쟁력이 될 것은 자명하다.

데이터를 가진 IT 기업과 제조 기술을 가진 자동차 기업이 손잡고 시장을 장악하기 위해 협업하는 사례도 늘어나고 있다. 인텔이 인수한 모빌아이Mobileye와 BMW가, 구글에서 독립한 웨이모Waymo와 크라이슬러·재규어·혼다가, 엔비디아NVIDIA와 벤츠·아우디·포드·토요타가 업무 제휴 협약을 맺고 공동 전선을 구축하는 중이다.

자동차 산업은 이전 50년보다 향후 10년 동안 더 큰 변화를 겪을 것이다. 2030년이면 성숙될 자율주행 자동차 시장에서 주도권을 확보할 방법이 무엇일지, 산업 간 경계를 허물고 정부와 민간이 머리를 맞대어 경쟁력을 드높여야 할 때다.

06

—

인공지능 에이전트

—

우리 회사에 인공지능
신입사원이 들어온다면

—

장화진
한국IBM 대표이사 사장

—

클라우드와 인공지능 기술의 발달로 다양한 형태의 지능형 에이전트가 등장하고
있다. 홈서비스부터 의료, 엔터테인먼트 분야에 이르기까지 인간의 활동을 보조하
고 명령을 수행하는 똑똑한 가상 비서들이 우리 곁으로 다가온다.

장화진

한국IBM 대표이사 사장. 프린스턴대학교에서 항공우주 및 기계공학 학사 학위를, 스탠퍼드대학교에서 기계공학 석사 학위를 받았다. 애자일 소프트웨어(현 오라클)에서 아시아태평양 지역 총괄 부사장을, 삼성SDS에서 분석IoT사업팀장, 스마트타운사업부장, 글로벌사업본부장 등을 역임했고 아랍에미리트 두바이 삼성 SDS 지역 총괄 및 전무로 임명되어 유럽, 러시아, 중동, 아프리카 및 인도 지역에서의 비즈니스를 총괄했다. 현재 한국IBM 대표이사 사장으로 클라우드, 블록체인, 인공지능, 퀀텀 컴퓨팅 등 미래 핵심 기술 사업을 이끌고 있다.

시장은 빠르게 변한다. 2000년도에 미국 경제지 〈포춘Fortune〉이 선정한 500대 기업 중 절반 이상이 지금은 없어졌거나 인수합병 되었다고 한다. 급격한 변화에 적응하지 못하면 한때 전 세계 휴대전화 시장의 절반을 점령했던 노키아처럼 순식간에 후발주자에게 밀려날 수 있다. 전 세계에서 새롭게 만들어지는 스타트업이 하루에 27만 4000개에 달한다는 보도가 있다. 물론 이들이 전부 성공할 수는 없겠지만, 우버UBER나 에어비앤비처럼 업계 전체의 판도를 뒤바꾸는 '유니콘'이 탄생할 가능성은 언제든지 있다.

기술 변화 속도는 갈수록 빨라지지만, 인간의 적응력이 이것을 따라잡는 데는 한계가 있기 마련이다. 끝없이 쌓이는 많은 데이터를 어떻게 분석하여, 어떤 통찰을 얻고, 무엇을 할 것인가? 이를 판단하는 일은 점점 더 어려워진다. 기술이 빠르게 변화하는 미래 사회에 효율적으로 적응하기 위해서는 클라우드 컴퓨팅이나 인공지능과 같은 신기술을 활용하는 일이 필수적이다.

그동안은 인공지능을 도입하려면 컴퓨팅 파워가 너무나 많이 필요하다는 제약이 있었으나, 클라우드 산업의 발달로 컴퓨팅 파워 문제가 해결되면서 인공지능이 급속도로 발전했다. IBM의 '왓슨'은 사업부를 신설한 지난 2014년 이후 의료를 포함하여 여러 산업 영역을 학습했다. 구글·아마존 등의 많은 글로벌 기업도 인공지능 개발에 뛰어들어 인공지능 및 클라우드 컴퓨팅 기술을 기반으로 4차 산업혁명 시대를 주도하기 위한 각축전을 벌이는 중이다.

우리 회사에 '인공지능 신입사원'이 들어온다면

IBM이 개발한 인공지능 시스템 왓슨은 2011년 미국의 〈제퍼디!〉라는 퀴즈쇼에 출연했다. 이 퀴즈쇼는 답을 맞히면 점수가 올라가지만 답을 틀리면 점수가 깎이기 때문에 왓슨은 어느 정도 이상의 신뢰도가 있으면 답을 하고, 자신 없는 문제는 답을 하지 않고 넘어가는 전략으로 퀴즈를 풀었다. 왓슨은 이 퀴즈쇼에서 역대 최고점을 기록한 사람과 가장 오랫동안 우승한 사람을 꺾고 승리를 거뒀다.

인공지능 기술이 어느 정도 발전했는지 알려주는 일화가 한 가지 더 있다. 미국 조지아 공과대학 컴퓨터 과학과 아쇽 고엘Ashok Goel 교수

퀴즈쇼 챔피언 '왓슨' 왓슨은 퀴즈쇼 〈제퍼디!〉에서 역대 최고의 인간 챔피언인 켄 제닝스Ken Jennings와 브래드 러터Brad Rutter를 압도적인 점수 차이로 물리치고 승리를 거뒀다.

는 IBM과 함께 왓슨을 기반으로 인공지능 조교를 만들었다. '질 왓슨Jill Watson'이라는 이름도 붙여주고, 이메일을 통해 학생들에게 과제에 대해 알려주거나 질문에 답하는 역할을 맡겼다. 학생들은 한 학기가 지나도록 '질 왓슨'이 인공지능이었다는 사실을 전혀 눈치채지 못했다.

인공지능은 점점 사람들의 일상 안으로 깊이 들어오고 있다. 엘리멘털패스Elemental Path라는 스타트업에서는 인공지능 장난감 '코그니토이CogniToy'를 내놓았다. 공룡 인형에 왓슨 기반 인공지능이 내장돼 있어 아이들과 덧셈, 뺄셈, 영어 철자 놀이를 하고 농담도 주고받

©Elemental Path / kickstarter homepage

인공지능이 내장된 장난감 코그니토이 왓슨의 음성인식 기능과 자연어 처리 기술을 적용하여 4~7세 아이와 맞춤형 대화를 나눌 수 있도록 제작한 장난감.

는다. 인형 주인의 성격, 취향, 유머감각에 따라 인공지능은 각기 다르게 진화한다.

의료 분야에서도 인공지능이 의사를 보조하는 조수 역할을 해내고 있다. IBM은 미국의 유명 암센터와 제휴해 왓슨에 암에 관한 지식을 학습시키기 시작했다. 한국에서도 여러 병원에서 암 치료에 활용하고자 의료용 왓슨을 도입했다. 인공지능은 최신 논문이나 임상실험 결과를 토대로 스스로 패턴을 학습하고 연관성을 찾아낸다. 지금은 주로 미국 자료에 의존하고 있으나 세계 각국 병원과의 협업이 늘어날수록 다양한 인종에 맞는 데이터를 확보할 수 있을 것으로 기대된다.

최근 왓슨은 롯데백화점과 함께 '쇼핑 어드바이저' 프로그램을 만드는 작업을 하고 있다. 똑똑한 신입사원 한 명이 들어왔다고 생각하면 쉽다. 기본적인 학습 능력이 있는 신입사원이 부지런한 상사를 만나 교육을 잘 받으면 유능한 사원이 되듯, 인공지능도 마찬가지로 어떻게, 얼마나 교육시켰느냐에 따라 전혀 다른 결과물이 나올 수 있다. 기본 교육을 마친 '베이스라인 왓슨'을 가지고 유통·화학·무역 등 각 회사의 업종과 노하우에 맞게 자사 고유의 왓슨을 만들 수 있다. 딥러닝Deep Learning 기술이 발달함에 따라 베이스라인 왓슨의 기본 지식 수준이 점점 높아지는 것은 물론이다. 항공 분야, 의료 분야 등 업종에 따라 보안 관리를 특화하여 개발할 수도 있다. 롯데제과는 앞으로 출시할 제품을 결정하는 데 SNS에 올라오는 글과 현재 팔리고 있는 과자들의 특성을 인공지능으로 분석한 결과를 이용하기로 했다.

운전부터 작곡까지

———

인공지능 기술과 사물인터넷, 자율주행 자동차가 결합한 사례도 있다. 미국의 로컬 모터스에서 출시한 버스 '올리Olli'가 대표적인 예다. 이 버스는 30개의 센서로 주변을 감지하면서 기사 없이 스스로 운전하고, 왓슨을 통해 승객과 대화하면서 목적지 주변의 갈 만한 곳을 추천해준다.

엔터테인먼트 분야에서도 인공지능이 활약하고 있다. 왓슨은 〈모건 Morgan〉이라는 스릴러 영화의 예고편 편집에 참여했다. 왓슨에게 기존 스릴러 영화 100편에 나오는 사람의 표정을 보여주며 어떻게 편집해야 관객에게 가장 와닿을지 교육시키자, 24시간 만에 해당 영화에서 예고편에 쓰일 장면을 모두 골라냈다고 한다. 사람이 영화 트레일러(예고편)를 만드는 데 보통 10~30일 정도 걸리는 것과 비교하면 놀랍도록 빠른 속도다. 인공지능을 사용해 편집한 예고편은 실제로도 인기를 끌었다고 한다.

그래미상 수상 경력이 있는 유명 프로듀서 알렉스 다 키드Alex Da Kid는 작곡에 인공지능의 도움을 받았다. 알렉스는 최근 5년간의 소셜미디어와 각 주 빌보드 차트 100위권에 오른 곡을 분석한 왓슨의 자료를 바탕으로 곡을 만들었다. 사람들이 어떤 감정을 자주 느끼는지, 혹은 특정 시기에 인기를 끈 단어는 무엇인지 분석한 자료였다. 인공지능과 프로듀서의 협업으로 탄생한 노래 〈낫 이지Not Easy〉

인공지능이 만든 세계 최초의 영화 트레일러, 〈모건〉의 예고편 속 한 장면

는 2016년 말 빌보드 록 디지털 송 부문 10위권에 오르는 등 큰 사랑을 받았다.

왓슨은 과거에는 분석이 불가능했던 비정형 데이터를 학습하여 정형 데이터로 만드는 역할을 한다. 왓슨은 현재 35개 정도의 API(응용 프로그램 인터페이스)를 보유하고 있어서 개발자들이 웹사이트에 들어가 필요한 API를 설치해 쓰면 된다. 실제로 많은 개발자들이 이 API를 써서 독특한 솔루션을 만들어내고 있다. 보안 분야에서는 '왓슨 사이버시큐리티'가 등장했다. 의료용 왓슨과 마찬가지로 관련 자료를 미리 학습시켜놓으면 그동안 사람 손으로 일주일씩 걸리던 분석을 단 몇 분 만에 해치울 수 있다.

내 일을 덜어주는 인공지능

한국어 왓슨은 영어, 독일어, 스페인어, 아랍어, 일본어 등에 이어서 2017년 9월에 9번째로 출시됐다. 왓슨 개발자들에 따르면 한국어는 영어에 비해 인공지능을 개발하기 어려운 언어라고 한다. 변형이 너무 많고 형용사가 다양하고 사투리도 있기 때문이다. 각고의 노력 끝에 시각적으로 물체를 식별해내거나 방대한 데이터를 분류하는 일, 대화하면서 상대방의 의도를 알아내는 일까지 가능한 한국어 왓슨을 서비스할 수 있게 되었다. 학습하면서 진화하는 인공지능의 특성상 앞으로 트레이닝을 거치면서 점차 완성도를 높여갈 수 있을 것이다.

한국어 왓슨을 적용한 서비스의 대표적인 예는 현대카드의 '챗봇 Chatbot'이다. 고객은 현대카드 웹사이트에서 남녀 캐릭터 중 하나를 골라 24시간 언제든지 현대카드와 관련한 질문을 할 수 있다. 정보 제공이 주 목적이지만 "너는 몇 살이니?" 같은 일상적인 대화도 가능하다. 대화를 하다보면 가끔 엉뚱한 대답을 내놓기도 하지만 인공지능은 정확도가 60퍼센트 수준만 되어도 출시할 수 있다. 현장에서 많은 사람들과 상호작용하면서 정확도를 높여가기 때문이다.

기업이 고객 상담에 인공지능을 활용하는 건 인력 절감을 위해서가 아니다. 기존의 상담 인력이 단순한 질문에 답하지 않고 다른 일에 집중할 수 있도록 하는 것, 즉 효율성을 제고하는 측면이 더 크다. 간단한 문제를 인공지능이 해결하는 동안 복잡한 문제는 사람이 맡는다. 혹은 신입사원이라도 베테랑처럼 문제를 해결할 수 있도록 인공지능이 과거의 비슷한 문제 해결 사례를 자료로 제공해준다. 병원에 쓰이는 의료용 왓슨이 의사를 대체할 수 없듯이 인공지능 역시 사람을 대신하는 것이 아니라 돕는 역할을 수행한다는 점에 공감할 필요성이 바로 여기에 있다.

07

뇌공학

—

뇌공학의 최전선에서는 무슨 일이 벌어지고 있는가

—

정재승

KAIST 바이오및뇌공학과 교수

—

최근 뇌영상촬영기법이 발달하면서 뇌의 구조와 기능에 대한 이해가 깊어지고 있으며, 이런 신경과학적 지식을 공학적으로 응용하려는 '뇌공학Brain Engineering'이 크게 주목받고 있다. 뇌와 기계(컴퓨터, 인공지능, 로봇 등)의 상호작용과 소통을 연구하는 뇌공학은 앞으로 우리 삶을 어떻게 바꾸어놓을 것인가? 뇌공학자들의 연구실에서는 지금 무슨 일이 벌어지고 있는지 함께 살펴보자.

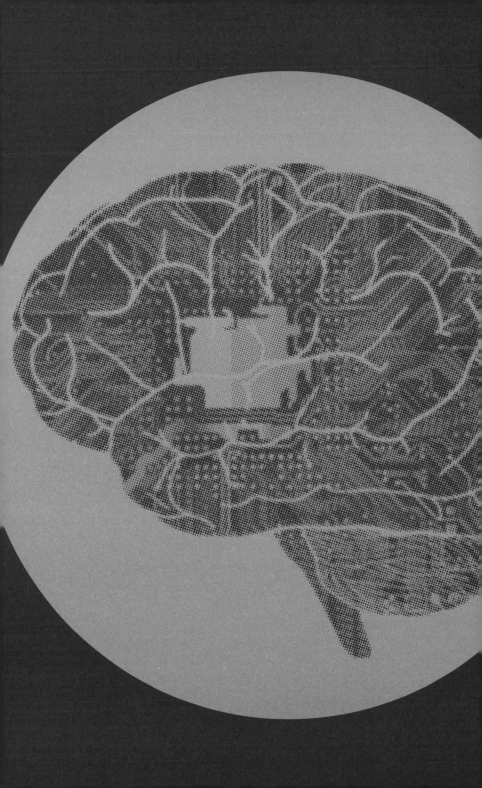

정재승

뇌를 연구하는 물리학자이자 뇌공학자. KAIST에서 물리학 전공으로 학부를 졸업하고, 같은 학교에서 복잡계 모델링 방법을 적용한 알츠하이머 치매 대뇌 모델링 및 증세 예측으로 석사와 박사 학위를 받았다. 예일대학교 의대 정신과 연구원, 고려대학교 물리학과 연구교수, 컬럼비아대학교 의대 정신과 조교수를 거쳐, 현재 KAIST 바이오및뇌공학과 교수 및 문술미래전략대학원장으로 재직 중이다. 연구 분야는 의사결정 신경과학이며, 이를 바탕으로 정신질환 대뇌모델링과 뇌-컴퓨터 인터페이스 분야, 뇌기반 인공지능을 연구하고 있다. 쓴 책으로는 《열두 발자국》, 《정재승의 과학 콘서트》 등이 있고, 2009년 세계경제포럼에서 '차세대 글로벌 리더'로 선정된 바 있다.

2017년, 뇌공학 분야에서 화제를 모았던 소식이 있다. 테슬라의 창업자 일론 머스크Elon Musk가 인간의 뇌와 컴퓨터를 결합하는 연구를 수행하는 스타트업 '뉴럴링크Neuralink'를 설립했다고 발표한 것이다. 뉴럴링크는 인간의 뇌에 그물망처럼 생긴 초소형 칩을 삽입해 뇌 활동을 직접 모니터링함으로써 생각을 읽고 저장하며 심지어 다른 사람의 뇌로 전송하는 제품을 구상 중이라고 밝혔다. 뉴럴링크가 어떤 제품을 생산할지는 아직 불분명하다. 하지만 일론 머스크의 선언은 그 자체만으로도 의미가 있다. 이렇게 큰 기업이 뇌공학의 상용화를 위한 회사를 설립하고 투자한 예가 없었기 때문이다. 이번 테슬라의 과감한 투자는 이 분야가 가진 상업적 잠재력을 일반인들에게 깊이 각인시키는 계기가 되었다. 향후 뇌공학 분야에서도 비전을 제시

머릿속 생각을 글자로 바꿔주는 브레인 타이핑 기술 스탠퍼드대학교 연구진의 브레인 타이핑 기술 시연 장면. 특정 단어 혹은 개념들을 떠올릴 때 대뇌 피질에 발생하는 뇌파를 관찰하고 분석함으로써 화면 내 글자 선택을 돕는 기술이다. 쇄골 이하 신체 부위를 움직일 수 없는 마비 환자 데니스 디그레이 Dennis Degray는 생각만으로 분당 약 8단어에 해당하는 39개의 문자를 정확히 입력하는 데 성공했다.

하고, 투자를 받고, 이것이 더 큰 투자를 끌어오는 '일론 머스크 효과'를 기대해 볼 만하다.

한편, 같은 해인 2017년에 소셜 미디어 기업인 페이스북도 연례 회의에서 이른바 '브레인 타이핑Brain Typing' 기술을 세상에 내놓겠다고 선언한 바 있다. 페이스북의 브레인 타이핑 서비스도 일론 머스크의 비전 못지않게 과학소설 같은 기술이다. 브레인 타이핑이란 머릿속으로 생각을 하면 그 생각을 글자로 옮겨주는 워드프로세서를 만들겠다는 야심찬 계획이다. 쉽게 생각하면, 아래아 한글을 컴퓨터 화면에 띄워 놓고 앞에 앉아 생각을 하면 파일에 글자가 입력되는 서비스라고 보면 된다. 물론 이렇게 생각만으로 글자를 입력하는 연구의 역사는 무려 30년이나 된다. 현재는 1분에 5~6개 단어를 입력할 수 있는 수준이다. 페이스북은 브레인 타이핑 기술을 통해 1분에 100개 단어를 입력할 수 있는 수준의 서비스를 만들겠다는 야심찬 목표를 제시했다.

이 두 사례는 이전까지 뇌공학 분야가 엔지니어들의 연구실에서 기술의 가능성을 입증하는 논문 형태로만 축적돼 발전해왔다면, 이제는 이를 바탕으로 기업들이 제품 개발과 상용화 서비스를 목표로 프로젝트를 진행하는 수준으로 성숙했다는 것을 보여준다. 조심스럽게 예측해 보자면, 향후 5년 안에 뇌공학 분야의 성과가 제품과 서비스의 형태로 우리 일상에 등장할 가능성이 높아졌다는 뜻이다.

컴퓨터와 인간의 뇌

인간이 만든 정보처리장치인 컴퓨터는 어떻게 생물학적인 정보처리장치라 할 수 있는 인간의 뇌와 직접 소통할 수 있을까? 인간의 뇌와 컴퓨터는 정보를 처리하는 구조가 크게 다르다. 먼저 인간의 뇌는 일반화와 편향에 쉽게 빠지도록 디자인돼 있다. 성별, 나이, 출신지 등 빈약한 정보로 사람을 섣불리 판단하기도 하고, 내가 옳다고 믿는 방향에 끼워 맞춰 모든 정보를 해석하는 확증편향도 종종 일어난다. 무엇보다도, 자신이 경험한 정보와 지식을 쉽게 일반화하는 오류를 범한다. 끊임없이 미래를 예측하고 틀리면서 세상을 배우는 '예측 기계'이기도 하다. 이런 '오류투성이' 뇌를 가지고 인간이 어떻게 잘 살아왔는지 놀라울 정도다. 1300cc, 1.4킬로그램 정도에 불과한 인간의 뇌는 적은 에너지를 가지고 아주 효율적으로 움직이는 만큼, 인지와 기억, 의사결정에 오류도 많다. 오류를 통해 지식을 업데이트하고, 쉽게 일반화함으로써 세상에 대한 빠른 판단으로 생존가능성은 높이지만, 실수를 통해 세상을 끊임없이 학습하는 기계가 바로 인간의 뇌인 것이다.

반면 컴퓨터는 수학적으로 잘 짜인, 논리적 완결성을 가진 명령을 수행하는 장치다. 컴퓨터의 비극이자 성과의 출발점은 컴퓨터를 생각해낸 사람들이 존 폰 노이만John von Neumann이나 앨런 튜링Alan Turing처럼 너무나 뛰어난 수학자들이라는 데 있다. 컴퓨터는 수학적 완결성이 있고 숫자와 문자 형태로 표현 가능한 과제만 수행할 수 있다. 이때 수학적 완결성을 가진 과제 수행 과정을 '알고리즘algorithm'이라고 부르고, 이를 숫자와 문자로 표현한 것을 '프로그램program'이라고 부른다. 다시 말해, 컴퓨터는 알고리즘을 장착한 프로그램화할 수 있는 과제만 수행 가능하다. 인간은 시행착오를 겪으며 점점 지능이 성장하는 데 반해, 컴퓨터는 처음부터 완벽한 형태의 코딩 프로세스를 제공해주지 않으면 과제를 수행하지 못한다.

만약 수학자가 아니라 신경생물학자가 최초의 컴퓨터를 고안했다면 어땠을까. 지금과는 완전히 다른 컴퓨터가 탄생했을 것이다. 무엇보다도, 지금처럼 고정된 구조가 아니라 학습할수록 네트워크가 확장되는 구조였을 가능성이 높다. 일례로, 인간의 뇌는 그 구조를 보면 그 사람의 성별, 나이, 직업 등을 얼추 추측할 수 있다. 같은 음악가라도 어떤 악기를 연주하느냐에 따라 뇌 구조가 다르다. 인간의 뇌는 소프트웨어(기능)에 따라 하드웨어(뇌구조)가 바뀌기 때문이다. 즉, 구조를 바꿈으로써 기능이 추가된다는 뜻이다. 그런데 컴퓨터는 하드웨어를 뜯어보는 것만으로는 어떤 소프트웨어가 설치되어 있는지, 이 컴퓨터가 어떤 기능을 가지고 있는지 알 길이 없다. 컴퓨터는 소프트웨어와 하드웨어가 분리되어 있기 때문이다.

또한 컴퓨터와 달리, 인간의 뇌는 기억을 저장하는 곳과 처리하는 곳이 같다. 뉴런이라고 불리는 신경세포들이 기억을 처리하기도 하고 저장하기도 한다. 따라서 예전 기억을 쉽게 가져올 수 있다는 장점이 있지만, 기억을 인출하는 과정에서 기억이 매번 새롭게 재해석되면서 일정하게 유지되지 않는다는 단점도 있다. 반면 컴퓨터는 CPUcentral processing unit(중앙정보처리장치)가 정보를 처리하고, 메모리 저장소memory storage에 데이터가 저장되며, 버스bus가 그 사이에서 중개자 역할을 한다. 다시 말해, 컴퓨터는 정보를 처리하는 곳과 저장하는 곳이 다르다 보니 안정적이지만 느리고 비효율적이며 병렬 처리가 쉽지 않다.

우리 뇌가 한 시간 동안 쓰는 에너지는 형광등 두세 개를 밝힐 수 있슈퍼컴퓨터supercomputer 계산 속도가 빠르고 방대한 데이터를 처리할 수 있는 초고성능 컴퓨터. 매년 6월 유럽에서 열리는 ISCInternational Supercomputing Conference와 11월 미국에서 열리는 SCSuper computing Conference에서 세계 컴퓨터의 성능 순위를 발표하며, 상위 500위 안에 랭크되는 컴퓨터를 슈퍼컴퓨터로 인정한다. 그 규모는 인간의 뇌에 비하면 엄청나지만, 정보처리 및 감정, 주의 집중, 의사결정, 의식 등 다양한 성능 측면에서는 아직 인간의 뇌를 따라오지 못하고 있다.

을 정도의 크기다. 반면, 슈퍼컴퓨터가 인간의 뇌와 비슷한 수준의 인지 작업을 하려면 형광등 10억 개를 밝힐 수 있을 정도의 에너지가 필요하다. 다시 말해 에너지 사용 측면에서, 인간의 뇌는 그 어떤 컴퓨터보다도 효율적이다. 이렇게 적은 에너지를 쓰고도 훌륭한 기능을 수행할 수 있도록 디자인된 것은 전적으로 진화의 과정 덕분이라 추측하고 있다.

덧붙여, 인간의 뇌에서 주목할 것은 우리 뇌의 상당 부분이 '사회적 상호작용'에 주력하도록 되어 있다는 점이다. 옥스퍼드대 동물행동학자 로빈 던바Robin Dunbar의 연구에 따르면, 흥미롭게도 우리가 사회적인 관계를 맺는 집단의 크기가 늘어나면서 대뇌피질의 부피도 크게 증가했다. 우리보다 사회적 동료의 집단 크기가 작은 동물은 대뇌피질의 부피가 현저히 작다. 우리는 무언가를 시각적으로 인지하면, 그 대상에 눈과 입이 있는 존재인지부터 확인한다. 눈과 입이 있으면 생명체를 대하는 뇌내 네트워크가 작동하고, 눈과 입이 없으면 일반 사물이라 간주하고 이를 위한 뇌 영역이 관여한다. 생명이 있는 것은 내 삶에 영향을 미칠 가능성이 더 높기 때문에, 이를 위한 각별한 영역을 마련해둔 것이다. 실제로, 기부금 모금함에 눈과 입을 그려 넣으면 기부액이 높아지는 것도 바로 그 때문이다. 타인의 시선을 의식하는 본능이 작동한 것이다. 아직 인공지능이 인간의 지성을 흉내내지 못하고 있는 영역 중 하나도 바로 이 사회적 상호작용 능력이다.

뇌공학, 인간과 컴퓨터를 잇는 통역가

이처럼 인간의 뇌와 컴퓨터는 아주 큰 차이가 있지만, 몇 가지 중요한 공통점도 있다. 우리가 중학교 2학년 생물시간에 배운 뇌에 대한 아주 기본적인 지식을 다시 한번 떠올려 보자. 인간의 뇌는 약 1000억 개 정도로 추산되는 뉴런neuron이라는 신경세포로 이루어져 있고, 신경세포는 세포체, 수상돌기, 그리고 축삭돌기로 구성돼 있다. 하나의 신경세포는 주변 1만 개 정도의 신경세포들과 시냅스synapse로 서로 연결돼 있다. 하나의 신경세포는 수상돌기를 통해 주변 신경세포들로부터 수많은 전기신호를 입력받는데, 이때 신호의 형태는 아날로그 형태다. 이 입력값이 어느 정도 크기의 역치threshold 이상이 되면, 신경세포는 축삭돌기를 통해 주변 신경세포에게 스파이크 형태의 출력값을 전한다. 이렇게 신경세포들은 서로 전기 신호를 주고받으면서 놀라운 정보처리를 이루어내고 있는 것이다.

그런데 이 과정은 매우 중요한 통찰을 내포하고 있다. 첫째, 인간의 뇌 속에서 벌어지는 신경세포 간의 커뮤니케이션은 '전기 신호'를 통해 이루어진다. 다시 말해 신경세포들 사이의 언어는 컴퓨터와 마찬가지로 전기 신호라는 것이다. 게다가 수상돌기가 받는 입력값은 모두 (형태와 크기가 매우 복잡한) 아날로그 신호이며, 축삭돌기가 만들어내는 출력값은 모두 스파이크spike 형태의 정형화된 디지털 신호다. 즉, 신경세포는 디지털 신호를 받아 다음 뉴런에 아날로그 신호를 만들어 보낸다. 공학적으로 보자면, 신경세포는 아날로그 신호를 디지털 신호로 바꾸는 AD 전환기Analog-to-Digital converter, AD converter이다. 반면, 신경세포들 사이의 시냅스는 축삭돌기의 디지털 신호를 다음 신경세포에 아날로그 신호로 전환해 제공하는 DA 전환기Digital-to-Analog converter, DA converter인 셈이다. 다시 말하면, 공학적 관점에서 인간의 뇌는 수많은 AD(아날로그-디지털) 컨버터와 DA(디지털-아날로그) 컨버터의 복잡한 네트워크이며, 이것은 인간이 만든 정보처리기계인 컴퓨터와 기본 구조 측면에서 매우 유사하다. 인간의 뇌라는 생물학적 정보처리장치와 컴퓨터라는 인공적 정보처리장치가 쓰는 언어가 전기 신호라는 매우 유사한 형태를 띠며, 그것을 처리하는 방식도 매우 유사하다는 것을 보여주고 있다. 이렇게 기본 언어가 유사하니, 두 정보처리장치를 직접 연결하면 좀 더 효율적으로 소통할 수 있을 것이라는 가정 하에 둘 사이를 잇는 테크놀로지가 바로 뇌공학인 것이다.

실제로 컴퓨터가 동물의 뇌에 정보를 직접 주입할 수 있다는 것을 보여준 흥미로운 실험이 있다. 쥐의 수염을 깎고 수염과 연결된 뇌의 영역the Barrel cortex에 전극을 꽂아서 전류를 흘려주면 쥐는 수염을 잡아당기는 듯한 느낌을 받는다. 쥐의 왼쪽 수염을 잡아당기는 듯한 느낌이 들게 신호를 보내준 뒤에 쥐가 왼쪽으로 간다면 쾌락을 느끼는 중추medial forebrain bundle에 전류를 흘려보내준다. 또는 오른쪽 수염을 잡아당기는 느낌이 들도록 신호를 보내준 후, 쥐가 실제로 오른쪽으로 움직인다면 다시 쾌락 중추에 전류를 흘려보내준다. 이런 시도를 몇 번만 반복해도, 쥐들은 '이유는 모르겠지만 수염이 잡아당겨지는 느낌이 들어 그 방향으로 움직이면 기분이 좋아진다'는 사실을 배운다. 이런 학습 방법을 이용하면 버튼을 누르는 것만으로 쥐를 원하는 방향으로 이동하게 하는 리모컨을 만들 수도 있다. 다시 말하면, 리모컨 같은 기계장치를 통해 쥐의 뇌에 방향 정보를 주입하는 것이 가능하다는 뜻이다.

이와 반대로 사람의 생각을 읽어내 기계를 구동하는 장치도 개발할 수 있다. 정보의 흐름이 이번에는 사람의 뇌에서 기계로 옮겨가는 형태다. 우리 연구실(KAIST Brain Dynamics Laboratory)에서 개발한 휴머노이드 로봇이 그 예다. 우리 연구실에 독일에서 만든 키가 60센티미터 정도 되는 이족 보행 로봇이 하나 있었다. 이 로봇에게 미로 탈출 미션을 수행하도록 했다. 로봇을 미로 안에 두고, 출구를 찾으라는 미션을 주는 것이다. 이 로봇은 이족 보행이 가능하고 머리와 몸통을 자유롭게 움직일 수 있지만, 어떤 방향으로 갈지 선택하는 '뇌'는 없다. 선택은 옆방에 있는 연구팀 학생이 판단해 지시를 내린다. 그런데 이 지시는 '생각만으로' 전달된다. 지시를 내리는 학생은 뇌파를 측정할 수 있는 모자EEG cap를 쓰고 있으며, 로봇의 머리 쪽에 설치된 카메라가 로봇 앞의 상황을 옆방의 연구팀 학생에게 보여준다. 학생은 이 영상을 보면서 말 대신 생각만 하는 것이다. 왼쪽으로 가라, 오른쪽으로 가라, 앞으로 가라, 멈춰라, 뒤로 가라 등. 그러면 말하지 않고 이런 생각을 하는 것만으로 뇌파의 파형이 바뀌고, 연구팀이 짠 머신러닝 프로그램이 뇌파를 실시간으로 분석해 옆방의 로봇에게 무선으로 명령값을 제공하는 것이다. 뇌에서 신호를 받아 로봇을 움직였는데, 이 실험을 100번 정도 하면 약 93번 정도는 벽에 몸을 스치지도 않고 목적지

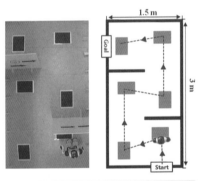

뇌파로 로봇 조종하기 카이스트 연구팀은 뇌파를 이용해 이족 보행 로봇을 조종하는 실험을 진행했다. 실험자가 로봇에 장착된 웹캠 화면을 보며 '생각만으로' 로봇에게 방향 지시를 내렸고, 로봇이 이를 인식하여 미로를 통과해 목적지까지 도착하는 데 성공했다.

에 도달한다. 다시 말해, 사람의 생각을 읽어내 생각대로 움직이는 로봇이 가능하다는 뜻이다. 특히 뇌내에 칩을 삽입하지 않고 두피에서 측정된 뇌파만으로 이런 기술이 가능하다는 것은 앞으로 일반인들에게 광범위하게 사용될 수 있음을 시사한다. 최근에는 기기 조작의 범위를 3차원으로 확장해, 드론을 조종하는 연구로 이어지고 있다. 말하지 않아도 뇌 활동만으로 내 마음을 헤아려주는 로봇의 등장이 머지않았다는 뜻이다.

이런 기술은 사용자의 의지대로 움직이는 의수·의족 개발에도 쓰인다. 2016년 11월에는 스위스의 로잔 공대 연구진이 척수 손상을 입은 원숭이의 뇌에 무선 칩을 삽입하여 움직이지 못하던 다리를 움직일 수 있도록 하는 데 성공한 바 있다. 다시 말해, 우리 몸의 신경계를 거치지 않고 몸 안의 두 기관을 직접 연결해서 작동하도록 하는 기술에 성공한 것이다.

한편, 뇌에 칩을 삽입해서 치매 환자의 기억력을 향상시키는데 기여할 연구도 이루어지고 있다. 예를 들면, 미국 남가주대University of Sourthen California 의공학과 시어도어 버거Theodore Berger 교수 연구팀은 해마를 대체할 칩을 개발하고 있다. 해마는 단기기억을 장기기억으로 저장하는 대뇌의 일부로서, 치매에 걸리면 이 영역이 치명적으로 손상을 입어 기억력 상실이라는 증세가 발생한다. 버거 교수팀은 해마를 대체할 칩을 만들어 입력값이 들어오면 인근 영역에 해마와 유사한 출력값을 제공해 해마 기능을 대체하는데 성공했다. 물론 이 기술은 아직은 두개골을 열어 뇌 안에 칩을 삽입해야 하기 때문에 수술이 필요하고, 장비를 주기적으로 교체해야 하기 때문에 일상생활 속에서 널리 쓰이기는 아직 어렵다는 한계가 있다. 실제로 뇌공학 연구의 대부분은 이런 침습적인 방식보다는 간단한 장비를 부착하여 뇌파를 읽어내는 연구에 집중되어 있다.

우리 삶 속으로 들어오는 뇌공학 기술

몇 해 전 중국의 가전회사 하이얼Haier은 세계 최대 가전제품 전시회인 CES에서 뇌파로 채널을 바꾸고 볼륨을 조종할 수 있는 TV를 선보인 바 있다. 하지만 이 TV는 하이얼의 기술력을 과시하기 위해 등장했을 뿐, 실제로 이런 제품이 상용화된다고 해서 많이 팔릴 가능성은 매우 적다. 우리가 TV를 볼 때를 떠올려보자. TV를 보는 순간이야말로 '가장 머리를 쓰고 싶지 않을 때'가 아닌가? 게다가 리모컨이라는, 우리의 생각을 정확하고 안정적으로 반영해 TV를 조종할 수 있는 장치가 손에 있는데, 군이 번거롭게 뇌파로 TV를 컨트롤할 사람은 드물다. 게다가 정확도도 리모컨에 비해 현저히 떨어질 것이며, 사람마다 뇌파의 파형이 달라서 맞춤형 조종을 해야 하기 때문에 훨씬 더 복잡하다. 그러니 상용화될 가능성은 희박하다. 다시 말해, 우리는 전자를 컨트롤하는 능력이 뉴런을 컨트롤하는 능력보다 현저히 정교하다. 물리학과 전자공학의 정확도가 신경과학과 뇌공학의 정확도보다 훨씬 높다는 뜻이다. 따라서 뇌공학은 IT를 활용해야 하지, IT와 경쟁하려고 하면 무조건 진다. 뇌공학은 IT와 결합하고 이를 활용해서 IT 단독으로는 제공할 수 없는 서비스를 제공하는 것을 목표로 해야 한다.

비슷한 예로, 뇌파를 이용한 게임기도 있다. 이 게임기는 뇌파 측정 장치로 사용자의 전두엽에서 세타 리듬(3~7Hz의 뇌파로, 집중할 때 많이 나오는 리듬으로 알려져 있다)을 모니터링해서, 이에 비례해 팬fan으로 바람을 일으킨다. 세타 리듬이 증가하면 바람이 나오면서 팬 위에 올려진 가벼운 공이 공중으로 떠오른다. 같은 이유로 이 게임기 역시 범용화가 어렵다. 이 게임기에 들이는 에너지에 비해서 얻는 즐거움이 현저히 떨어지기 때문이다. 실제로 이 게임기를 만든 글로벌 업체는 전 세계 최초의 대리점을 대덕연구단지에 냈다가 1년 반 만에 영업을 접기도 했다.

뇌는 인체 에너지의 23퍼센트가량을 쓴다. 계속 무언가에 집중하는 일이 굉장한 피로감을 안겨준다는 뜻이다. 정확도, 가격, 에너지 효율성을 감안하면 뇌파만을 사용해 기기를 조종하는 방식은 취미 상품 영역에 국한될 가능성이 크다. 뇌공학을 이용한 소비 상품 개발은 IT의 도움을 받아서, 그동안 IT가 제공하지 못했던 새로운 경험을 제공하는 쪽이 유리하고 또한 유익할 것이다.

그렇다면 뇌공학 분야 안에서 가장 빠르게 상용화될 제품은 무엇일까? 뇌공학 기술은 앞으로 웨어러블 디바이스와 결합해 뇌에서 벌어지는 현상을 정교하게 읽어들이고 뇌 활동 데이터를 분석해 사용자가 원하는 서비스를 제공하는 방향으로 발전할 것이다. 그중에서 상용화 가능성이 높은 것이 '노인용 안경'이다. 홍채 인식으로 본인 확인을 마친 뒤, 증강현실 기술을 활용해 길 찾기, 전화연결 등의 작업

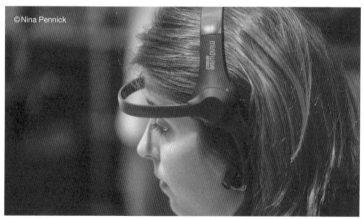

안경 타입의 웨어러블 기기 구글 글래스(위)와 헤드셋 타입의 마인드웨이브(아래)

을 수행하는 장비다. 안경으로 뇌파 상태를 모니터링해서 위급 시 가족에게 알려주는 기능도 추가될 수 있다. 우리 사회가 고령화 사회로 진입하면서, 꼭 치매에 걸리지 않더라도 부족한 뇌기능을 메워주는 장치가 각광을 받을 것으로 예측된다.

현재 웨어러블 기기의 대부분은 손목시계 타입으로, 맥박을 재는 등 헬스케어 분야에서 주로 쓰이고 있다. 하지만 복잡한 정보들은 대개 눈이나 귀로 들어오고, 기계가 인간의 명령을 읽으려면 언어를 담당하는 뇌와 가까울수록 유리하다. 즉 지금보다 고등한 서비스를 제공하려면 머리 근처에 쓸 수 있는 안경, 헤드밴드, 이어폰 형태가 더 적합할 것이다. 배터리 용량, 무게, 가격, 사생활 침해 문제 등 아직 넘어야 할 산이 많지만, 일단 웨어러블 기기를 걸치는 문화는 만들어지기 시작했다. 이제 남은 과제는 '킬러 앱'을 개발하는 일이다.

우리 연구실에서도 비슷한 경험이 있다. 10여 년 전 우리가 개발한 '마이 히스토리 안경My history glasses'이 그것이다. 우리 뇌는 흥미롭거나 관심이 있거나 신기한 것을 보면 오른쪽 귀 위쪽에서 작게 '아하 시그널Aha signal'이라 불리는 뇌파를 발생시킨다. 우리 연구실은 이 신호를 실시간으로 탐지할 수 있는 알고리즘에 대해 특허를 가지고 있는데, 웹캠이 설치된 안경을 쓰고 다니면, 사용자가 재밌는 걸 발견한 순간 안경에 달린 카메라가 자동으로 눈앞의 상황을 찍어서 스마트폰으로 전송한다. 스마트폰 사진 갤러리에 나의 소소한 '아하 모멘트Aha moment'가 자동으로 기록되는 것이다.

그런데 시제품을 만들어 사용해 보니, 지나가는 사람들도 사진에 나올 수 있다는 사실을 알게 됐다. 혹시나 생길지 모르는 불법 촬영의 위험 때문에 상용화를 중단했다가, 지금은 의학적 용도로 쓰일 수 방법을 모색하고 있다. 자폐증 환자는 '사회적 시각장애인'이라 불릴 정도로 커뮤니케이션이 어렵다. 아이의 관심사를 모르니 환자 부모로서는 대화의 물꼬를 틀 방도가 없다. 만약 이런 안경이 환자의 관심사 모니터링을 할 수 있어 인지 치료를 할 때 대화의 물꼬를 틀 수 있게 도와준다면 매우 흥미로운 응용이 될 것 같아, 이런 연구를 얼마 전 시작했다.

최근에는 골전도 기술bone conduction technology, 즉 뼈의 진동으로 고막을 흔들어서 소리를 듣게 해주는 기술도 등장했다. 독일의 철도공사와, 방송사, 광고대행사가 '말하는 창문' 광고 캠페인을 진행한 적이 있다. 이들은 승객이 열차 창문에 머리를 대면 두개골로 진동이 전해지면서 음성 메시지가 들리도록 하는 장치를 설치했다. 특히나 이를 미리 승객들에게 홍보하지 않고 그들이 우연히 발견하도록 했다. 늦은 밤, 피곤에 지쳐 창문에 머리를 기댄 사람들에게 창문이 들려주는 위로의 메시지가 전해진 것이다. 신기함을 느낀 승객들 덕에 소셜 미디어에서 엄청난 광고 효과를 거뒀고, 사람들이 이 메시지를 듣기 위해 일부러 늦은 밤 기차를 타기도 했다. 이런 기술을 안경 타입 장비에 적용한다면 안경의 떨림을 이용해 이어폰 없이도 소리를 들을 수 있을 것이다.

최근에는 개의 뇌파를 측정해 마음을 읽어서 주인에게 20가지 정도의 메시지를 보여주는 장비가 개발되기도 했다. 이 제품의 장점은 정확도를 확인할 길이 없다는 데 있다. 우리가 개의 속마음을 어찌 알겠나! 하지만 이 제품은 개와 소통하고 싶은 인간의 욕망을 건드려주기 때문에 그 자체로 사람들에게 만족을 준다. 게다가 개가 배고프다고 신호를 보냈는데 주인이 자꾸 산책을 내보내면, 나중에는 개가 그 사인을 알아듣고 스스로 행동을 바꾸기 시작한다. 산책이 가고 싶을 때 배고프다고 생각하는 식으로 말이다. 그래서 시간이 지나면 개와 주인 모두 만족하는 '놀라운 적응'이 벌어진다.

뇌의 쾌락 중추에 전류를 흘려보내는 '아이 도저I-Doser'라는 장치도 있다. 우리가 보통 음악을 들을 때 느끼는 정도의 가벼운 즐거움(trans라고도 한다)을 유도한다. 10~20달러 정도만 내면 쉽게 구입해서 직접 만들 수 있다. 지금은 구토 등의 부작용이 우려되어 가벼운 자극만 주고 있지만, 미래에 주사나 간단한 패치로 뇌의 깊은 곳까지 정확하게 자극할 수 있다면 새로운 세계가 열리리라 생각한다.

현대의 사람들은 점점 인간관계를 맺는 일을 버거워하고 있다. 구애 행위를 하지 않고도 기계장치를 통해 성적인 만족을 얻을 수 있다면 어떨까? 쾌락의 중추에 칩을 삽입해 섹스 없이도 리모컨으로 오르가슴에 도달할 수 있다고 하면, 그런 수술을 선택하는 사람들이 등장할 것이다.

섹스 로봇의 성적 능력은 만족감 측면에서 이미 인간을 앞지른 지 오래다. 큰 회사가 총력을 기울여 대대적으로 상업화하고, 액세서리나 캐릭터의 개발로 사람들의 심리적 장벽을 깬다면, 그리고 공감하는 대화술까지 완비된다면 곧 대중화될 수 있을 것이다.

이런 제품들은 우리 사회에 윤리적 문제를 야기할 가능성도 있어, 각별한 주의가 필요하다. 예컨대 뇌의 운동영역에 전류를 흐르게 한 다음 운동을 하면 성과가 30퍼센트 이상 향상된다는 보고도 있다. 이 방식은 약물과 달리 나중에 추적해서 적발해낼 방법도 없다. 올림픽이나 월드컵에서 선수들의 이러한 '브레인 도핑brain doping'을 허용해야 할까? 앞으로 인공지능이 발달해서 대화나 감정적인 교류도 가능해지고 뇌에 정확한 자극을 줄 수 있다면, 쾌락을 유발하거나 학습능력을 향상시키는 뇌공학 기술은 사회적 문제를 야기할 수 있다. 따라서 우리 사회가 이런 기술들에 대해 깊은 이해를 바탕으로, 어떤 제품은 허용하고 어떤 서비스는 금지할지, 시민적 합의를 이루는 과정이 시급히 필요하다.

뇌공학의 잠재력을 믿고 사람에 투자하라

———

미국 테크 컨설팅회사 가트너Gartner는 '신기술 하이프 사이클'이라는 개념을 내놓았다. 새로운 기술이 등장하여 사람들의 기대를 한껏 받다가 그 거품이 꺼지고 난 후 다시 회생하는 기술이 결국 세상에 살아남아 중요한 역할을 한다는 것이다. SFscience fiction(과학 영화 혹은 소

설) 속 이야기라고만 여겨지다가, 세
상에 뭔가를 보여주면 사용자들의 기
대감이 올라가고 투자가 이루어졌다
가, 한차례 거품이 꺼지는 순환을 겪
은 뒤에도 살아남는 기술이 무엇인
지 살펴보아야 한다는 뜻이다.

하이프 사이클Hype Cycle
유망 기술의 성숙도와 미래의 잠재력을 가늠할 수 있도록 시각적으로 나타낸 그래프. 각 기술을 성숙도에 따라 혁신 태동기, 거품기, 환멸기, 재조명기, 안정·성장기의 5단계로 구분한다.

가트너에 따르면 뉴로비즈니스, 뇌-
컴퓨터 인터페이스 등 뇌공학 관련 분야는 사람들에게 여전히 생소한 분야다. 아직 기대도, 이에 대한 거품도 생기지도 않은 상태인 셈이다. 뇌공학 분야가 그 단계까지 가는 데 앞으로 최소한 10년 정도는 걸릴 것 같다. 하지만 10년 후쯤 출발하면 그때는 늦는다. 뇌공학의 핵심 기술은 데이터에서 출발하기 때문이다. 누군가는 계속해서 시행착오를 겪으면서 연구를 이어가야 10년 후에도 살아남을 수 있는 기술을 그 즈음에 완성할 수 있다. 지금부터 데이터를 모으고 분석하며 '사람'을 키워내는 기업이 결국 미래를 장악할 것이다. 뇌공학은 추격자 모델로 크게 성공하기 어렵다. 인재를 키우고 데이터를 다룬 경험을 축적한 회사가 혁신을 만들어낼 것이다.

뇌는 우리 몸에서 가장 복잡하고, 또 그래서 가장 알려지지 않은 영역이다. 그만큼 뇌공학은 장차 세상을 바꾸는 데 기여할 수 있는 분야라는 의미다. 앞으로 장기적인 관점을 가지고 뇌공학 분야를 바라보고 대비하기를 당부하고 싶다.

08

—

인공지능

—

인공지능이
답을 찾는 방식

—

조성배
연세대학교 컴퓨터과학과 교수

—

인공지능 기술은 인간 지능의 본질을 밝히고 이를 인공적으로 재현하려는 기술이다. 빅데이터, 사물인터넷, 4차 산업혁명의 핵심 중추가 바로 인공지능 기술이다. 기술의 작동 원리와 산업적 활용 분야, 일자리 문제까지 인공지능과 함께하는 미래를 내다본다.

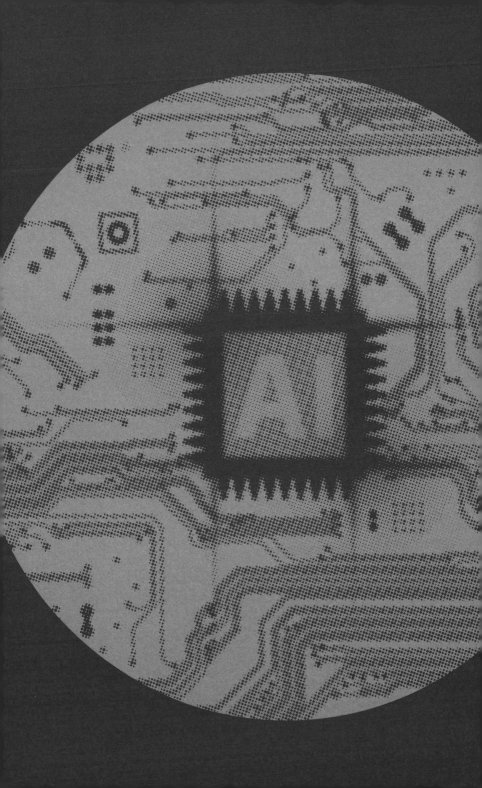

조성배

연세대학교 전산과학과를 졸업하고 KAIST 전산학과에서 박사학위를 받았다. 일본 ATR 인간 정보통신연구소 연구원, 캐나다 브리티시컬럼비아대학교 방문교수, 연세대학교 인지과학연구소 소장 등을 역임했다. 현재 연세대학교 컴퓨터과학과 교수, 한국뇌공학회와 한국인지과학회 부회장으로 있다. 저서로 《왜 인공지능이 문제일까?》 등이 있다.

요즘 '인공지능'이라는 용어가 뉴스에 거의 매일 등장하고 있다. 2016년 알파고AlphaGo와 이세돌 9단의 대국 이후로는 인공지능이라는 말을 모르는 사람이 거의 없어진 것 같다. 그러나 4차 산업혁명 시대로 진입하고 있는 지금은 인공지능에 대한 좀 더 심도 있는 이해가 필요한 시점이다.

4차 산업혁명은 만물이 통신을 기반으로 연결되어 있을 때 부가가치를 높일 수 있다는 아이디어에서 출발한다. 사물을 연결하는 데 꼭 필요한 것이 센서 기술인데, 최근 3~5년 사이 센서 기기의 가격이 크게 떨어지면서 센서는 우리 생활 속에서 폭넓게 쓰이게 됐다. 센서를 통해 수집되는 엄청난 양의 데이터를 기반으로 제조업의 효율성과 서비스업의 편의성을 높이는 것이 4차 산업혁명의 목표다. 물론 센서만 가지고는 이런 목표에 가 닿을 수 없다. 그 중추에 인공지능 기술이 있어야 한다. '구슬이 서 말이라도 꿰어야 보배' 아니겠는가. 4차 산업혁명 시대에는 인공지능이 수많은 데이터를 가공하는 일종의 '컨트롤 타워' 역할을 하게 될 것이다.

인공지능이라는 용어는 1956년에 처음으로 만들어졌다. 이후 인공지능 분야의 연구 성과는 바닥도 찍었다가 천장도 찍었다가 하면서 부침을 겪었다. 인공지능 분야에서 첫 번째로 나온 성공적인 결과물은 '전문가 시스템expert system'이다. 간단히 요약하면 전문가가 지닌 고도의 지식이나 행위를 대신할 수 있는 소프트웨어 시스템이라고 할 수 있다. 이 시스템은 의사나 법률가의 간단한 업무를 어느 정도 대체하는 데에는 성공했으나, 이것이 인공지능의 참모습이었다고 말하기는 어려운 수준이었다. 이후 한동안 '인공지능의 겨울'이라 불리는 침체기를 겪었고 1985~88년 신경망에 대한 관심이 높아지면서 재조명 받기 시작했다. 인공지능 연구는 그 뒤로 다시 지지부진한 상태에 놓였다가 2015년을 기점으로 다시 한번 주목받고 있다.

영화 속 인공지능: 트랜센던스와 아이언맨

인공지능에 대한 사회적 관심을 잘 활용하기 위해서는, 먼저 인공지능의 실체를 이해하는 일이 우선일 것이다. 인공지능의 범위는 굉장히 넓지만 사람들에게 가장 친숙한 모습은 SF 영화 속 이미지일 것이다. 영화 속 인공지능의 초창기 형태는 로봇이었다. 사람의 모습을 닮은 기계가 생각과 지능을 가지고 인간처럼 행동하는 내용의 영화가 많이 만들어져왔으나, 최근의 영화를 보면 변화가 느껴진다. 예전 영화에서는 로봇의 지능이 '완제품' 상태였다. 요즘 만들어지는 영화에서는 인공지능이 어린 아이들과 비슷하게 경험을 통해 점차 지능을 발달시켜나간다. 인공지능이 자의식을 지녔는지를 판별하는 '튜링 테스트'를 소재로 한 영화가 개봉되기도 했다. 인간이 인공지능 채팅 프로그램과 사랑에 빠지는 내용의 영화도 있다. 영화 〈트랜센던스 Transcendence〉는 목숨을 잃을 위기에 처한 천재 과학자가 자신의 기억을 슈퍼컴퓨터에 업로드하면서 벌어지는 이야기로, 고도로 발달한 인공지능 컴퓨터와 인간의 두뇌가 결합하면서 초월적 존재로 진화해간다는 설정에서 출발했다. 일견 황당해 보이지만 전혀 과학적인 근거가 없는 이야기는 아니다.

영화에 등장하는 여러 인공지능 가운데 가장 현실성이 있는 것은 〈아이언맨〉의 '자비스'일 것이다. 인간에게 필요한 것을 검색해주거나 시각·청각 기능 등을 증강해주는 형태의 인공지능이다. 현실화까지는 상당히 어려운 과제들이 남아 있지만 그나마 가장 이른 시일 내에 실현 가능한 기술로 보인다.

그동안 영화에 등장하는 인공지능을 보면서, 사람들은 대체로 재미는 있지만 허구에 불과하다고 생각해왔다. 그런데 최근 몇 년 사이 인공지능 기술이 성숙하면서 우려 섞인 목소리가 나오기 시작했다. 미래학자 레이 커즈와일은 인간의 지능은 더디게 발전하는 반면 인공지능이 발전하는 속도는 월등히 빠르기 때문에 곧 인공지능이 인간의 지능을 뛰어넘는 시점이 올 것이라고 주장했다. 유능한 공학자이자 구글 이사 출신인 커즈와일이 이런 주장을 내놓으니 대중들도 불안감을 가졌다. 과연 이런 예측이 실현되는 날이 올까?

레이 커즈와일Ray Kurzweil, 1948~ 미래학자. 2012년 구글의 엔지니어링 책임자로 발탁되어 인공지능과 자연어 처리 기술 개발을 이끌었다. 저서 《특이점이 온다》를 통해 2045년이면 기계의 지능이 인간을 뛰어넘는 기술적 특이점Technological Singularity에 도달하리라는 예측을 내놓았다.

현실 속 인공지능: 알파고와 왓슨

우리 현실 속의 인공지능은 어느 단계에 와 있는지 살펴보자. 지금도 인공지능을 응용한 기술은 매우 많고, 알게 모르게 우리 생활 속에 깊이 들어와 있다. 여러 명이 찍힌 사진에서 내 친구의 얼굴을 찾아내는 페이스북의 얼굴 인식 기능, 주차장에서 카메라로 자동차의 번호판을 인식해 주차요금을 계산하는 시스템 모두 인공지능 기술이 적용된 사례다. 인공지능은 기술이 안정화되고 나면 더 이상 인공지능으로 여겨지지 않는 경향이 있다. 인공지능 연구 초창기에는 OMR Optical Mark Recognition도 인공지능이라고 불렀다. 채점을 인간 대신 기계가 자동으로 하기 때문이다. 하지만 지금은 OMR을 인

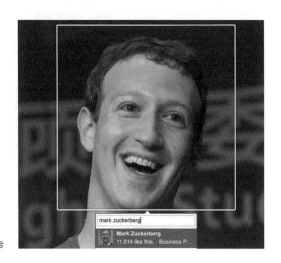

페이스북의 얼굴 인식 기능

공지능이라고 생각하는 사람은 거의 없다. 지금 소개하는 기술들도 언젠가는 인공지능이 아니라고 하게 될지 모른다.

현재 가장 강력한 인공지능이 무엇인지 물으면 열에 아홉은 알파고 이야기를 할 것이다. 알파고는 사실 바둑을 두는 프로그램이다. 바둑 고수는 직관을 이용해 자신만의 기풍을 가지고 바둑을 둔다. 어떻게 하면 프로그램에게 바둑 두는 법을 알려줄 수 있을까? 가장 간단한 방법은 이런 '기풍'을 코딩하는 것이다. 규칙을 정해서 이럴 땐 이렇게, 저럴 땐 저렇게 하라고 가르치면 된다. 하지만 사람의 직관에 해당하는 영역을 일일이 코딩하기란 쉬운 일이 아니다. 기본으로 돌아가 생각해보면 결국 바둑은 내가 어디에 둬야 이길 확률이 가장 높은지를 찾는 게임이다. 알파고는 자신의 수와 상대방의 다음 수를 계속 시뮬레이션해서 승부를 예측한 후 착점하는 방식을 채택했다. 문제는 시뮬레이션 해야 하는 경우의 수가 10의 170승에 달하는 천문학적 숫자라는 사실이다.

계산 시간을 단축하기 위해 알파고는 경우의 수를 전부 다 계산하지는 않는다. 어느 수준이 되면 탐색한 수 가운데서 착점할 수를 찾는다. 그런데 계산을 언제 멈출지를 어떻게 판단할까? 이기는 수가 여러 개라도 펼쳐놓은 경우의 수를 모두 다 확인할 필요는 없다. 알파고는 무작위로 몇 개만 골라서 가장 유력한 수를 계산하는 '몬테카를로 탐색'도 하고, 계산을 끝까지 하지 않고 승률 평가 경험함수를 이용해 이길 확률을 산출하기도 했다. 이 함수를 사람이 만들지 않고 데이터를 가지고 딥러닝하는 방식으로 만들게 했다는 것이 알파고의 핵심이다.

연구팀은 한 판에 보통 250수씩, 총 16만 판의 기보 데이터를 사용했다. 알파고는 이 방대한 양의 데이터를 바탕으로 경험함수를 학습해 나갔다. 알파고와 이세돌 9단의 대국을 지켜보던 바둑 관계자들이 가장 이해하기 어려워했던 부분이기도 한데, 딥러닝 방식의 인공지능은 의외의 수가 나왔을 때 그 수가 왜 나왔는지를 설명하지 못한다. 결국 인공지능은 프로그램이다. 입력된 프로그램대로 정보를 처리할 뿐 사람이 생각을 하는 것과 같은 지능을 갖고 있지는 않다. 인간이 감정을 이입하여 인공지능을 바라보기 때문에 착시가 생기는 것뿐이다.

딥러닝만으로는 알파고가 이세돌 9단을 이기기 어려웠을 것이다. 여기에 더해 알파고는 자기들끼리 대국을 계속하면서 강화학습

Reinforcement Learning을 했다. 알파고가 과연 이세돌 9단을 이길 수 있을까를 놓고 학자들 사이에서는 비관적인 의견이 많았으나 결과는 의외였다. 인간은 인공지능과 달리 심리 상태라는 변수의 영향을 받는다. 아무리 강심장이어도 언론의 스포트라이트를 받으면 압박감을 크게 느낄 수밖에 없다. 이세돌 9단 역시 초반에는 심리적 압박 때문에 2~3판을 내주고, 뒤에는 묘수가 생겨서 이길 수 있었던 것 같다.

알파고에 이어 두 번째로 많이 이야기되는 것은 IBM의 왓슨이다. 왓슨은 미국 퀴즈쇼 〈제퍼디!〉에 출연하여 역대 가장 많은 상금을 받은 사람과 역대 가장 오랜 기간 챔피언을 유지했던 사람을 이겼다. 왓슨은 백과사전, 위키피디아, 시사뉴스 데이터를 보유하고 있었다. 물론 전통적인 데이터베이스 방식이 아니라 원하는 정보를 '의미적으로' 불러올 수 있는 방식으로 데이터를 저장했다. 왓슨은 인간의 뇌가 지식을 기억하는 방식과 비슷하게 단어 사이의 관계를 저장하는 '시맨틱 네트워크semantic network' 방식을 채택해, 문제에 대한 답의 후보를 1000개 정도 뽑은 뒤 점차 후보를 줄여나가는 과정을 반복했다. 마지막에 10개 정도로 정답 후보가 간추려지면 그중에서 정합도가 가장 높은 것을 답으로 말한다. 정확도가 아무리 높더라도 한 문제에 답하는 데 10분씩 걸린다면 퀴즈쇼에 나갈 수 없을 것이다. 시간이라는 변수가 중요할 수밖에 없는데, 왓슨의 경우 3초 내에 이 모든 과정을 다 끝냈다. 왓슨은 퀴즈쇼에서 상대방과의 점수차를 고려해 여유 있게 이기고 있으면 무리하지 않고, 반대로 따라잡히겠다 싶으면 조금 무리를 하는 식의 판단까지 해냈다.

의료, 법률, 금융, 자율주행… 인공지능의 무대는 넓다
———

알파고와 왓슨은 한 가지 목적만을 위해서 개발된 것은 아니다. 구글이 오로지 바둑을 잘 두기 위해서 알파고를 만든 것이 아니라는 의미다. 바둑은 한 가지 예시일 뿐, 빅데이터를 기반으로 탐색해서 풀 수 있는 문제라면 어느 분야에든 쓰일 수 있다. 대표적인 것이 의료 분야다. 치료법과 환자 데이터를 활용하여 어떻게 치료해야 가장 생존 확률을 높일 수 있을지 예측할 수 있다. 일기예보, 금융, 주식 분야에서도 활용도가 높을 것으로 보인다. 왓슨도 마찬가지다. 퀴즈를 푸는 것만이 왓슨이 가진 능력의 전부가 아니다. IBM이 가장 처음으로 왓슨 솔루션을 판매한 곳은 씨티은행 콜센터였다.

알파고와 왓슨은 성격이 조금 다르다. 알파고는 수치 자료에 근거하여 해법을 만들어내는 반면, 왓슨은 문서(논문, 환자 데이터 등)를 분석하여 질문에 답해준다. 실제로 미국 텍사스의 MD앤더슨MD Anderson 암센터에서 왓슨을 활용한 뒤로 암 진단 오류가 30퍼센트 이상 줄었다는 보고가 있다. 2016년에는 왓슨을 기반으로 개발된 로스 인텔리전스ROSS Intelligence사의 인공지능 시스템이 뉴욕의 법률 사무소에 취직했다는 기사가 나오기도 했다. 판례를 수집하고 분석해 변호사의 자료 조사 업무를 도와주는 역할이다. 금융 분야에서는 투자 선호도를 파악해 맞춤형 투자 상품을 제안하는 로보어드바이저Robo-Advisor가 요즘 많이 쓰인다. 법률, 금융, 의료 모두 방대한 데이터를 분석할 수 있는 인공지능이 인간의 보조 역할로 활약하기 적합한 분야다.

이 밖에도 인공지능이 활용될 수 있는 분야는 무궁무진하다. 자율주행차도 그 가운데 하나다. 교통 법규, 도로 상황, 다른 차와의 간격 등 고려해야 하는 요소가 많기 때문에 자율주행 자동차는 센서 기술과 프로그래밍이 조화되어야 한다. 현재 구글을 비롯한 유수의 기업들이 캘리포니아 등지에서 자율주행 자동차를 시범 운행 하고 있으며 데이터 수집과 상용화를 위해 박차를 가하는 중이다. 언론 매체나 문화 콘텐츠 영역에서 적극 활용될 가능성도 크다. 인공지능이 작성한 기사가 화제가 되면서 언론사 기자가 프로그램으로 대체되는 것 아니냐는 전망도 나오지만, 엄밀히 얘기하면 아직은 '직접 기사를 쓰는 것처럼 보이는' 수준이다. 속보 기사는 육하원칙 위주로 글의 구조가 거의 정해져 있기 때문에 비교적 작성하기 쉽다. 문학 작품의 경우에도 인공지능이 자료를 조사해 큰 줄거리를 채우는 역할까지는 충분히 해낼 수 있다.

애플의 '시리Siri' 같은 가상 비서Virtual Assistant도 앞으로 성장 가능성이 큰 시장이다. 사실 지금의 음성인식 기술은 사람이 말하는 의미를 완벽히 이해하는 것이 아니라 음성 패턴을 바탕으로 알맞은 서비스를 연결해주는 수준이다. 앞으로는 말하는 사람의 감정 상태나 의

화웨이 AI 큐브 아마존의 AI 비서 서비스인 '알렉사'를 탑재한 인공지능 스피커. 음성 명령으로 음악을 틀거나 기기와 연동된 집안 가전제품들을 제어할 수 있다.

도를 추론하는 정도로 발전해나갈 것이다. 이 서비스 자체는 작은 시장처럼 보이지만, 아마존의 에코Echo처럼 여기에서 수집한 데이터를 잘 분석하면 다른 비즈니스 플랫폼에서 무궁무진하게 활용할 수 있기 때문에 주목받고 있다. 사용자와 대화하며 가전제품을 관리해주는 화웨이Huawei, 華為의 'AI 큐브' 등도 인공지능을 활용한 서비스다.

인공지능이 답을 찾는 방식:
지식 기반 방법론에서 데이터 기반 방법론으로

앞서 살펴봤듯, 영화 속 인공지능과 현실의 인공지능은 큰 차이가 있다. 그런데 이것들을 전부 인공지능이라고 불러도 좋을까? 사실 이 혼란은 지능의 정의를 내리기 어렵다는 사실로부터 출발한다. '지능이란 무엇일까?' '지능이 있는지는 어떻게 확인해야 할까?' 쉽게 답하기 어렵다. 인공지능도 마찬가지다. 결과적으로 인공지능 연구자들은 자신들도 잘 모르는 '지능'을 '인공'적으로 만들고 있는 셈이다.

> **강한 인공지능 Strong AI**
> 인간처럼 생각하고 감정을 가지며 창의성을 발휘하는 인공지능.
>
> **약한 인공지능 Weak AI**
> 인간의 지능을 모방하여 특정한 문제의 답을 찾는 인공지능.

마치 실제 사람처럼 감정을 느끼고 사고하는 인공지능을 '강한 인공지능'이라고 부른다. 지능을 모방하여, 주어진 특정 문제를 잘 푸는 인공지능을 '약한 인공지능'이라고 부른다. 아직까지 강한 인공지능은 기술적으로 완성되지 못했고, 이른 시일 내에 성공할 가능성도 낮아 보인다.

앞서 언급한 튜링 테스트는 강한 인공지능을 판별하는 기준 가운데 하나로, 컴퓨터가 인간과 자연스럽게 대화할 수 있는 정도의 지능을 갖췄는지를 측정한다. 이를 통과하려면 인공지능이 지식 저장 능력도 갖추어야 하고, 지식 사이의 빠진 부분을 유추해내는 추론 능력도 있어야 한다. 꾸준히 새로운 정보를 업데이트할 수 있도록 적응 학습 및 언어처리 능력도 필요하다. 하지만 약한 인공지능에 속하는 알파고가 우리에게는 마치 고도의 직관을 가진 듯 느껴졌던 것처럼, 인공지능이란 결국 그것을 대하는 사람이 감정을 이입한 결과물이다. 그렇다면 현재 기술력으로도 약한 인공지능이 마치 강한 인공지능처럼 '보이는' 수준까지는 가능할 수 있다.

인공지능 시스템을 만드는 데 쓰이는 방법론은 다양하지만 크게 구분하면 지식 기반 방법론과 데이터 기반 방법론으로 나눌 수 있다. 지식 기반 방법론은 전통적인 방식이다. 인공지능을 만드는 사람이 가지고 있는 지식을 잘 정리해서 규칙을 만들어놓으면, 인공지능은 그에 기반해 의사결정을 한다. 짧은 시간 안에 일정한 수준에 도달하는 인공지능 시스템을 만들기에 알맞은 방법이다. 하지만 예외가 많거나 고도로 복잡한 사안을 처리하는 데에는 어려움이 있다. 이 단점을 해결하기 위해 나온 것이 데이터 기반 방법론이다. 데이터를 분석한 뒤, 자동으로 지식을 추출해 문제를 푸는 방식이다. 이전까지는 많은 데이터를 감당할 수 없었기 때문에 수많은 데이터 가운데 유의미한 데이터만을 가려내도록 만드느라 애를 먹었다면, 빅데이터를 처리할 수 있을 정도로 기술이 발달하면서 지금은 데이터 기반 방식인 딥러닝이 인공지능 분야를 평정한 상태다.

다양한 인공지능 기술 가운데 핵심적인 세 가지 기술에 대해 알아보자. 첫 번째는 탐색Search, 즉 여러 가지 가능성들을 비교하여 최단 시간 내에 최적의 경로를 찾아나가는 기술이다. 두 번째는 규칙 기반 시스템Rule-Based System으로 불리는 기술이다. 문제를 푸는 데 필요한 규칙을 잘 만들어놓은 뒤, 추론 엔진을 적재적소에 사용해 답을 찾는다. 세 번째는 신경망Neural Network으로, 이름 그대로 뇌 신경망과 작동 원리가 유사한 기술이다. 뇌 신경세포는 물질을 전달할 때 시냅스의 성격에 따라 물질을 많이 전달하기도 하고 적게 전달하기도 한다. 마찬가지로 신경망 기술도 입력이 들어오면 중요도를 매겨서 가중치를 부여한 뒤 출력한다. 만약 가중치를 정확하게 설정할 수 있다면 어떤 문제든 풀어낼 수 있다. 예를 들어 신용평가를 할 때는 과거 해당 은행에서 대출받은 사람들의 데이터(연봉, 가족 수, 주택 소유 여부 등)를 가지고 가중치를 설정해 신용도를 예측할 수 있다. 자율주행차도 비슷한 원리다. 운전을 계속 하면서 데이터를 모은 뒤, 특정한 상황에서 어떤 동작을 해야 할지 입력과 출력 사이의 가중치를 설정한다. 하지만 신경망 방식에는 한 가지 큰 문제점이 있었다. 데이터가 많아지면 가중치를 구하기가 어려워진다는 점이다. 이것 역시 기술 발전으로 해결되고 있다. 그동안은 해당 영역의 지식을 활용해 방대한 정보 가운데서 문제를 푸는 데 적합한 것만을 추려내는 것이 관건이었으나, 딥러닝이 등장하면서 인공지능이 거대한 데이터 속에서 자동으로 가중치를 추정할 수 있게 되었다. 오류 발생율도 점차 줄어드는 추세다.

딥러닝 소프트웨어는 대부분 오픈소스로 공개되어 있다. 알고리즘 그 자체보다 얼마나 많은 데이터를 확보하여 적절하게 사용하느냐가 기업의 성패를 가르는 요건이 되었기 때문이다. 구글 같은 세계적인 기업은 소스를 공개함으로써 자신의 플랫폼으로 전 세계 인재를 끌어 모으고 있다.

하이브리드 인공지능

———

인공지능은 응용전산학의 일종이다. 기존의 전산학적 접근으로는 풀리지 않는 문제를 해결할 수 있다는 것이 인공지능이 가진 매력이다. 문제를 잘 풀기 위해서는 한 가지 방법을 고집하기보다 다양한 방식을 적재적소에서 구사할 수 있어야 하듯, 인공지능도 여러 가지 방법을 활용하면 더욱 강력해질 수 있다. 이러한 관점에서 새롭게 주목받고 있는 것이 '하이브리드 인공지능 시스템Hybrid AI System'이다.

처음 인공지능을 연구하기 시작했을 때, 과학자들은 '지능'을 알고리즘으로 구현할 수 있다고 생각했다. 그래서 이 알고리즘의 기능을 단계적으로, 점진적으로 발전시키면 인공지능을 만들 수 있다고 봤다. 이런 접근 방식에서 탄생한 것이 '기호 중심 인공지능Symbolic AI'이다. 기호의 표현과 처리를 통해 지능을 구현하려는 시도였다. 기호 중심 인공지능은 언어를 처리하는 데 효과적이며 내부 작동 원리를 손쉽게 파악할 수 있다는 장점이 있으나, 예외나 오류에 취약하다. 초기 과학자들의 접근법과는 달리 지능은 계단처럼 단절적인 단계 위에 존재하는 것이 아니라 여러 단계에 걸쳐 있는 것으로 봐야 한다.

기호 중심 인공지능은 곧 '연결주의 인공지능Connectionist AI'에 길을 내주었다. 연결주의 인공지능은 인간의 뇌를 닮은 인공 신경망을 만들려는 접근으로, '학습'에 의한 문제 해결에 초점을 둔다. 그러나 사실 우리는 아직 인간의 뇌에 관해 자세히 모르므로, 이 방식 또한 한계가 있다. 그래서 요즘은 두 방법의 장점을 결합한 통합적 접근이 주목받고 있다. 방대한 데이터가 쌓이고, 기초적이기는 하지만 사람의 뇌를 모방할 수 있게 되면서 두 가지 방법을 활용한 인공지능이 서서히 등장하고 있다는 얘기다.

효과적이고 강력한 인공지능을 개발하기 위해서는 이러한 통합적 사고가 필수적이다. 마치 소프트웨어와 하드웨어가 구조를 만들어 복잡한 시스템을 구축하듯이, 궁극적으로는 인공지능도 구조를 만들어야 한다고 생각한다. 이 과정에 공학자들만 참여한다면 기능적으로는 효율적일지 몰라도 사람이 실제로 인공지능을 사용할 때 불편을 느끼거나 사회적으로 문제를 촉발시킬 가능성도 있다. 감성적·사회적 요소까지 고려할 수 있도록 다양한 분야의 전공자들이 개발에 함께 참여해야 한다.

인공지능과 함께 하는 미래, 100년 앞을 내다보자

4차 산업혁명 시대에는 사물인터넷으로부터 엄청난 양의 정보가 쏟아진다. 그 데이터에 머신러닝, 지각 인식, 지식 추론 등 여러 종류의 인공지능 소프트웨어를 결합하여 가공 및 전달하는 것이 성공의 열쇠가 될 것이다. 맥킨지McKinsey는 2025년에는 인공지능의 파급 효과가 연간 5조 2000억~6조 7000억 달러에 이를 것으로 내다보왔다. 대중의 관심이 높아질수록 이 예상치는 점점 높아지고 있다.

인공지능 기술은 우선 단기적으로는 방대한 데이터로부터 객관적이고 일관성 있는 의사 결정을 내리는 데 큰 도움을 줄 것으로 보인다. 앞서 살펴본 대로 금융, 의료, 법률 등의 분야가 대표적인 예다. 중기적으로는 고령화로 노동인구가 줄어들고 생산성이 떨어지는 현실 속에서 생산성을 높이는 데 도움이 될 것이다. 장기적으로는 인공지능이 인간의 심리적 편향으로 생기는 오류를 줄이는 데 도움을 줌으로써 사회문제 해결에도 기여할 것으로 기대한다.

문제는 일자리다. 인공지능 기술이 완성 단계에 이르면 기존의 일자리를 일부 대체할 수밖에 없다. 텔레마케터처럼 매뉴얼이 정해져 있고 반복성이 높은 직종이 대표적이다. 반면에 사람을 직접 대하는 직업이나 창의성·예술성·감성이 필요한 분야는 아직 인공지능이 인간을 대신하기 어렵다. 배관공처럼 육체적인 일을 하는 직업도 오랫동안 살아남을 것으로 보인다.

인공지능이 일부 영역에서 인간을 대체하면서 혼란이 발생할 수 있으며, 인공지능을 통해 창출되는 이윤이 양극화로 이어지지 않도록 분배의 문제도 고려해야 한다. 다만 궁극적으로는 인공지능으로 인해 노동시간이 줄고 고용 구조가 바뀌면서 노동의 가치가 상승하고 여가시간이 늘어날 것이라고 생각한다. 다소 낙관적인 전망이지만 새로운 라이프스타일이 등장하고 인간의 삶의 질이 향상되지 않을까 하는 기대를 해보고 있다.

이미 미국과 일본은 몇 년 전부터 인공지능이 가져올 변화에 대비하고 있다. 스탠퍼드 대학은 2014년부터 AI100 One Hundred Year Study on Artificial Intelligence이라는 연구 프로젝트를 진행 중이다. 앞으로 100년 동안 인공지능이 기술적·사회적·윤리적으로 어떤 영향을 미칠지 연구하는 프로젝트이다. 일본도 10년간 1000억 엔을 투입하여 인공지능 관련 연구를 하겠다는 계획을 발표했다. 물론 투자액의 규모도 중요하겠지만, 인공지능은 단기간에 많은 돈을 투입한다고 해서 원하는 결과를 내기 어려운 기술이다. 또한 뇌과학·인지과학 등 학제 간 융합 연구와 인공지능이 미칠 사회적·경제적 여파에 대한 고찰도 필요하다. 그래서 투자액의 규모보다는 투자의 장기성이 중요한 분야다. 특히 한국의 경우, 당장 수백억 원 규모의 연구비 지원을 받는다 한들 연구를 지속해나갈 토양조차 조성돼 있지 않은 것이 현실이다. 10년 뒤, 100년 뒤를 단계적으로 내다보며 인내심을 가지고 인재를 육성하고 산업을 키우는 안목이 절실히 필요하다.

09

—

휴먼-AI 인터랙션

—

인간과 인공지능이
소통하려면

—

모두의연구소 최고비전책임자

—

인공지능 기술을 만든 학자들은 어떤 세상을 꿈꾸었을까? 이들이 만들어낸 기술은
어떤 제품과 서비스를 창출하고 있는가? 인간과 인공지능이 상호작용하는 휴먼-
AI 인터랙션Human-AI Interaction 기술의 동향과 주목해야 할 분야를 살피고 이것
이 우리 삶에 미칠 영향을 짚어본다.

정지훈

한양대학교 의과대학을 졸업한 후 서울대학교에서 보건정책관리학 석사 학위를 받았으며 미국 서던캘리포니아대학교 대학원에서 의공학 박사 학위를 취득했다. 우리들병원 생명과학기술연구소장, 명지병원 IT융합연구소장을 역임했으며 다음세대재단 이사, 경희사이버대학교 미디어영상홍보전공 선임강의교수, 모두의연구소 최고비전책임자로 재직 중이다. 저서로는 《거의 모든 IT의 역사》, 《거의 모든 인터넷의 역사》, 《내 아이가 만날 미래》, 《무엇이 세상을 바꿀 것인가》, 《미래 자동차: 모빌리티 혁명》 등이 있다.

인공지능 연구의 시초는 1956년 다트머스 회의다. 1950년대 들어 자동화나 오토마톤automaton(자동기계) 같은 기술이 주목받기 시작하자 IBM 사는 다트머스 회의를 개최하면서 관심 있는 누구나 참가할 수 있다고 공표했다. 그러나 회의에 참석한 사람은 고작 10명뿐이었다. 바로 이들이 오늘날 인공지능 연구 분파의 대부분을 만들어 낸 사람들이다.

다트머스 회의, 인공지능 연구의 출발

—

다트머스 회의 참가자 가운데 몇몇을 소개하면 다음과 같다. 다트머스 회의를 주도한 존 매카시John McCarthy는 프레임 이론으

다트머스 회의에 참석한 학자들

로 유명한 인지과학자이자 '인공지능'이라는 용어를 처음 만든 전
산학자다. 마빈 리 민스키Marvin Lee Minsky는 MIT 인공지능 연구
소의 공동 설립자로, 인공지능의 선구자이자 아버지로 불린다. 클
로드 섀넌Claude Shannon은 정보이론을 만들었으며 엔트로피 개념
이라든지 머신러닝 등에 이론적 바탕을 제공했다. 레이 솔로모노
프Ray Solomonoff는 알고리즘 및 확률 관련 이론, 그리고 귀납적 추
론inductive interference 등 다양한 추론을 이용한 지속적 학습 에이
전트를 만드는 데 기초가 되는 이론을 제공했다. 허버트 사이먼
Herbert Simon과 앨런 뉴웰Allen Newell은 인공지능 연구에서 출발하
여 훗날 카네기멜론 대학에서 인지과학cognitive science, 즉 인간의 뇌

를 연구한 학자들이다. 이들은 무언가를 만들어 수학적으로 증명하는 것보다는 인지적인 것이나 상호작용이 더 중요하다는 생각을 하기 시작했다. 그래서 대학에 '인지과학과 인터랙션 사이언스 interaction science' 과목을 개설했다. 인지과학 분야에서 카네기멜론대가 선구적인 업적을 세울 수 있었던 것은 이 학자들의 기여 덕분이다.

다트머스 회의 이후로 50년 넘게 잠행하다시피 했던 인공지능 연구는 2012년 들어 컴퓨팅 파워가 발전하고 새로운 기술들이 나오면서 본격적으로 다시 빛을 보기 시작했다.

다시 1950년대로 돌아가보자. 처음 인공지능을 연구하기 시작한 사람들은 어떤 생각을 가지고 있었을까? 수학 분야에서 출발해 컴퓨터공학을 연구하는 사람들의 꿈 가운데 하나는 완전히 자동화된 에이전트 fully automated agent를 만드는 것이다. 이 목표는 지금까지도 유효하며, 컴퓨터공학자들은 모든 것을 혼자 처리하는 인공지능을 만들기 위해 쉼 없이 연구를 쌓아가고 있다.

한편 조지프 릭라이더 Joseph Licklider라는 심리학자는 1960년에 처음으로 '심바이오시스 Symbiosis(공생)'라는 개념을 제시했다. 그는 머지않아 인간의 뇌와 컴퓨터가 긴밀하게 연결될 것이고, 이들이 파트너십을 이루게 될 것이라고 예측했다. 그렇게 되면 데이터 처리 방식 역시 현재의 정보처리 기기들이 택하는 방식에 머무르지 않고 기계적으로 확장된 사람 mechanically extended human에 맞게 달라질 것이라고 내다봤다. 요즘의 증강현실 AR 기술을 인간에게 확장한 증강휴먼

Augmented Human과 비슷한 개념이다.

우리가 진짜로 달성하려는 목표는 '문제 해결'이지 '컴퓨터 혼자 작동하는 것'이 아니라고 정면으로 반론을 제기한 이도 있다. 바로 더글러스 엥겔바트Douglas Engelbart다. 그는 많은 사람들이 과학기술을 누릴 수 있도록 하는 데 총력을 기울인 학자이기도 하다.

과거에는 기술이 과학자와 공학자의 전유물이라고 생각했지만, 엥겔바트는 미디어와 기술을 결합해 사람들이 이해하고 접근하기 쉬운 인터페이스를 만들고자 했다. 그가 1968년에 선보인 '모든 데모의 어머니Mother of All Demos'는 세계 최초의 데모이자 프리젠테이션으로 불리기도 한다. 당시 컴퓨터는 CLI Command Line Interpreter, 즉 명령어를 일일이 직접 입력해 프로그램을 실행하는 방식을 사용했다. 교

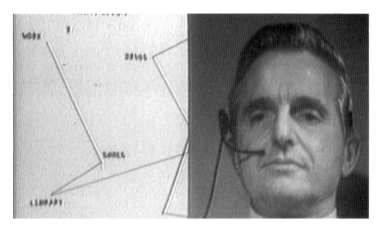

레이저 펜을 이용한 인터페이스를 시연하는 엥겔바트

수, 연구자, 과학자 등 전문가라면 이런 명령어를 익힐 수 있지만 일반인에게는 어려울 수밖에 없다. 이를 두고 엥겔바트는 "이것은 누구를 위한 기술인가? 과학자를 위한 기술인가, 모두를 위한 기술인가?"라고 비판했다. 그는 명령어를 입력하는 대신 레이저 펜을 이용하는 유저 인터페이스를 선보였으며(레이저 펜 기술 자체는 이반 서덜랜드가 개발했다) 이후에는 마우스를 개발하기도 했다.

스티브 잡스의 매킨토시, 빌 게이츠의 윈도우 개발 이후 1990년대부터는 일반인들도 실생활에서 널리 PC를 사용하게 됐다. 그전까지 PC는 어디까지나 특수 목적의 기계였다.

컴퓨터의 지능을 어떻게 이용할까?
—

수학자나 논리학자에게 '지능'이 뭐냐고 물으면 '정리theorem를 증명하는 것, 체스나 바둑을 두는 것, 보드 게임, 특정한 문제를 해결하는 것' 등으로 정의할 것이다. 이들은 컴퓨터가 학습을 반복하면 금방 인간의 지능을 넘어설 수 있다고 믿는다. 인간의 지능은 불완전하고 모호하지만 적절한 수준의 안정성도 가지고 있다. 그래서 휴먼-컴퓨터 인터랙션Human-Computer Interaction, HCI(인간과 컴퓨터의 상호작용에 관한 연구)은 우리가 그 복잡성을 완벽하게 해소하는 디자인을 만들어낼 수는 없으나 결국 사람과 소통하는 과정에서 문제를 풀어나갈 수 있다는 관점을 제시한다.

휴먼-AI 인터랙션 인공지
능을 유익하고 유용하게 활
용할 수 있도록 인간과 인공
지능의 다양한 상호작용을
연구하는 분야. 사용자 경험
을 향상시키고 사용자의 의
도와 목적에 부합하는 효과
적인 인공지능을 만들기 위
한 방법을 탐구한다.

신경망Neural Network 인
간의 두뇌 구조를 본뜬 기계
학습 방법. 뇌의 뉴런이 서로
연결되면서 복잡한 정보를
처리하는 방식을 모방하여
만든 알고리즘이다. 생물학
적인 신경망과 구별하여 특
히 인공 신경망artificial neural
network이라고도 한다.

휴먼-AI 인터랙션도 이와 비슷하다. 기술이 도입되면 처음에는 기본 원칙을 만드는 사람이 주인공이 된다. 예컨대 현재의 딥러닝 기술을 살펴보자. 신경망 연구가 시작된 지 벌써 30~40년이 지났다. 통상적으로 초기 수십 년 동안은 원칙을 만들고 가능성을 증명하기 위한 소수 연구자들의 노력이 필요하다. 그러다 보면 어떤 분야에 이 기술을 접목할 가치가 있다는 사실을 발견하게 된다. 가능성이 있다고 판단되면 연구 참여자가 급격히 늘어나고 여기저기에 적용되면서 성공 사례 또한 늘어난다. 이미지·음성·자연어 처리, 번역 분야에서 딥러닝이 성과를 내기 시작한 것이 대표적인 사례다. 옛날부터 있던 기술이지만 새로운 활용 가능성이 열리면서 전문가가 기하급수적으로 늘었다.

참여자가 늘고 연구 붐이 일면, 그다음으로는 소비자에게 다가가기 위한 상업화 단계에 접어든다. 소비자는 '내가 원하는 기능을 만족시켜주는가' '가격이 싼가' 등 여러 요소를 고려한다. 이 단계에서는 고객에 대한 이해와 함께 생산성 및 비용에 대한 이해를 갖추어야 한다. 이는 연구자들이 잘할 수 있는 영역은 아니다.

휴먼-AI 인터랙션 관련 기술은 상업화 단계에 접어들면서 새로운 문제를 맞닥뜨리고 있다. 의료 분야에 인공지능을 도입하려면 의사나 규제 당국을 설득할 수 있어야 한다. 의사가 진단하는 것보다 인공지능을 활용하는 것이 판독률이 얼마나 더 높은지 수치를 보여주면 쉽게 설득이 될 것 같지만 현실은 간단치 않다. 막상 자료를 가져가면 규제 당국에서 "결과가 좋게 나온 건 알겠다. 그런데 이런 결과는 어떻게 나왔나?"라고 묻는다. 딥러닝으로 얻은 결과물은 통계처럼 검증하여 설명하기 어렵다. 다른 데이터를 넣어도 같은 결과가 나오는지, 몇 퍼센트 확률로 나오는지 증명할 길이 없다. 인공지능이 잘못 판단해도 중간에 들어가서 고치기가 어렵다. 의사보다 정확도는 3~5퍼센트 높을지 몰라도 어떻게 그런 결과가 나왔는지는 설명할 수가 없으니 당국의 승인을 받기도 어렵다.

이것을 해결하는 데는 두 가지 전략이 있을 수 있다. 아예 인간을 압도하는 능력을 보여주거나, 혹은 인간이 적절히 개입하게 하거나. 전자의 경우 인간 의사보다 인공지능의 진단이 훨씬 정확하다는 것을 증명해내면 되나 만만치 않은 일이다. 인공지능이 학습하는 자료는 결국 인간들이 만든 것이기 때문이다. 그런데 최근에는 인공지능이 인간이 준 정답지가 잘못되었는지 의심하고 고치는 단계까지 이르렀다. 후자의 경우 인간 의사와 인공지능이 협력하여 정확도를 높이고, 오류를 고칠 수 있는 도구를 만들어 문제를 극복할 수 있다. 이처럼 딥러닝 기술은 정확한 결과를 내는 것뿐 아니라 오류를 검증하고 수정할 수 있는 기능까지 고려해야 상업화 단계에 이를 수 있다.

주목해야 할 기술 트렌드

휴먼-컴퓨터 인터랙션은 웹과 함께 각광받았고, 꽃을 피운 것은 스마트폰 시대에 와서였다. 마찬가지로 휴먼-AI 인터랙션 역시 인공지능 연구 초기에는 별로 주목받지 못했다. 하지만 기술이 발달함에 따라 휴먼-AI 인터랙션 분야를 선도하는 기업이 시장을 이끌 날이 얼마 남지 않았다고 본다.

휴먼-AI 인터랙션 분야에서 주목해야 할 기술 트렌드를 살펴보자. 최근 몇 년간 딥러닝 기술의 발전상을 살펴보면 중요한 돌파구가 하나씩 등장했음을 알 수 있다. 첫 번째는 수렴신경망Convolutional Neural Network, CNN 영상 처리다. 이는 요즘 들어 상업화에도 성공했다. 두 번째로는 재귀적신경망Recurrent Neural Networks, RNNs 및 장단기기억기술Long Short-Term Memory, LSTM 등을 이용해 자연어를 처리하는 분야가 각광받고 있다. 구글 번역으로 가능성은 보여줬지만 여전히 갈 길은 멀어 보인다. 자연어 처리는 가장 어려운 분야 중 하나다. 앞뒤 맥락을 추론해 답을 얻어내야 하는데, 같은 단어라도 사람에 따라 다른 맥락으로 사용하는 등 인간의 언어 사용 자체가 불완전하기 때문이다. 자연어 처리를 두루 잘하는 유니버설 채팅봇이 개발되기 어려운 이유다. '다마고치'처럼 한 사람과 계속 이야기를 나누면서 발전해가는 방식이 주로 채택되는데, 이 경우 데이터가 관건이다. 인공지능이 시행착오를 겪으면서 데이터를 생성하고 수집하는 것을 '강화학습'이라고 한다. 딥마인드DeepMind라는 회사가 이 분야 대표주자다. 예전에는 머신러닝 학회에 가면 이미지 처리와 자연어 처리가 양대 산맥이었으나, 최근 들어 강화학습이 거의 비슷한 수준으로 떠오르고 있다. 마지막으로 요 근래 가장 뜨겁게 주목받는 분야는 창의적 인공지능Creative AI 또는 생성적 인공지능Generative AI 기술이다.

인공지능은 자유도가 높고 적용 영역도 넓기 때문에 발전 가능성이 무궁무진하다. 머신러닝 알고리즘은 대단히 복잡해 보이지만 사실은 단순하다. 방대한 양의 데이터가 입력됐을 때 그걸 변형하여 어떤 공간에 할당할지, 그 벡터와 방향성을 구하는 작업이 핵심이다. 두 가지 접근 방식을 제일 많이 쓰는데, 간단히 설명하면 다음과 같다. X가 우리가 얻을 수 있는 원래 데이터, Y는 계산 후에 얻어진 답이고 그 사이에 있는 Z를 '학습된 네트워크'라고 가정하자. 예를 들어 여러 장의 사진을 계속 보여주면서 개와 고양이를 구별하라고 하면 학습된 네트워크는 나름대로 개와 고양이를 구별하는 기준을 만들어낸다. 그리고 이렇게 인코딩하여 만들어낸 결과를 보고 반대로 다시 디코딩 하는 것을 VAEVariational Auto Encoders라고 한다.

두 번째 방식은 Z에 가짜와 진짜를 구별하는 네트워크를 학습시키는 방식으로, '위조범과 경찰의 싸움'이라고도 부른다. 위조범은 경찰을 속이기 위해 시간이 갈수록 진품과 가품을 구별하기 어렵게 만든다. 이런 인터랙션이 계속되면 가품은 점점 정교해진다. 이처럼 같은 작업을 반복해서 정확한 결과물을 만드는 게 생성적 적대 신경망 Generative Adversarial Networks, GAN의 목적이다. VAE와 GAN의 두 가지 접근 방식에는 각각 장단점이 있다. VAE는 안정적인 반면 결과의 질이 다소 떨어진다. GAN은 결과를 잘 내다가 가끔씩 전혀 엉뚱한 결과를 내놓을 가능성이 있다.

'투명한' 블랙박스,
인공지능이 도출한 결과를 어떻게 해석할 것인가

현재 휴먼-AI 인터랙션 연구에서 가장 필요성이 높은 분야이자 각광받는 분야는 '해석성interpretability'이다. 인공지능이 도출한 결과가 어떻게 나온 것인지 설명해내는 연구다. '언박싱 블랙박스 unboxing blackbox', 즉 블랙박스를 해독하는 연구라고 표현하기도 한다. 사실 인공지능은 밀폐된 블랙박스라기보다는 투명한 '화이트박스'인데, 데이터가 너무 복잡하고 방대해서 인간이 해석해내기 어려울 뿐이라는 표현이 더 정확할 수 있다. '해석성'에 대한 정의는 학자마다 다양한데, 구글에서 일하는 김빈은 "인간에게 설명하기 위한 프로세스Process of giving explanations to human"라고 정의했다. 이는 인간의 이해력에 따라 인공지능을 활용한 결과물이 다르게 나올 수 있다는 의미이기도 하다. 실제로 인공지능이 상용화될 때 이 해석성으로 인해 여러 가지 문제가 발생할 수 있다. 우선 안전 문제가 있다. 인공지능이 제대로 된 결정을 내렸는지 인간이 검증할 수 있어야 한다. 그래서 잘못된 부분이 있다면 개입하여 고칠 수 있어야 한다. 또한 새로운 무언가를 찾아내거나, 인공지능이 원하는 목표와 인간이 원하는 목표가 다를 때 적절한 균형점을 찾는 능력도 필요하다.

김빈은 해석성을 세 가지로 분류했다. 첫 번째는 인공지능이 인간의 의사결정을 추론하는 능력이다. 두 번째는 인공지능이 인간이 결정을 내리는 데 도움이 되는 자료를 제시하는 능력이다. 인공지능이 그래프·언어 등 여러 가지 방법을 활용하여 인간에게 직접 설명을 할 수 있는지가 이 능력에 속한다. 마지막은 인공지능과 인간이 서로 피드백을 주고받을 수 있는 능력이다.

문제는 기존의 많은 인공지능 및 딥러닝 모델이 처음부터 해석성을 고려하지 않은 채로 만들어졌다는 점이다. 그래서 현재 해석성 연구는 모델이 만들어진 뒤의 변화를 패턴이나 애니메이션을 활용하여 시각적으로 보여주는 방식을 주로 사용한다. 앞으로 휴먼-AI 인터랙션이 상품화 단계에 가까워질수록 인터페이스, 컨트롤러 등을 개발하는 일이 더욱 중요해질 것이다.

인공지능은 과연 안전한가?

────

인공지능이 인간의 안전을 위협하는 때가 올까? 이것은 일반인뿐만 아니라 전문가 사이에서도 계속해서 논란이 이는 주제이다. 테슬라의 일론 머스크나 물리학자 스티븐 호킹Stephen Hawking처럼 인공지능이 악용될 가능성에 주목하는 전문가들이 있는가 하면, 반대로 이런 걱정이 기우에 불과하다는 주장도 팽팽하다.

인공지능 교과서를 집필한 스튜어트 러셀Stuart Russell UC버클리대 교수는 2017년 인공지능 국제회의International Joint Conference on Artificial Intelligence, IJCAI에서 인공지능에 대한 지나친 낙관과 공포 모두 경계해야 한다고 조언한 바 있다. 러셀은 "과학자로서 할 일은 어떻게 하면 (안전) 문제를 극복할지를 찾아내는 일"이라고 말하면서 UC버클리대에 '인간과 공존하는 인공지능을 위한 센터Center for Human-Compatible AI'를 설립했다.

안전 문제에서 가장 중요한 요소는 가치 일치value alignment 문제다. 커피를 가져오라고 명령하는 상황을 가정해보자. 인간이라면 굳이 말을 하지 않더라도 이 명령 안에 수많은 가치가 들어가 있다는 점을 이해하고 있다. 예컨대 '커피를 가지러 가는 도중에 방해가 된다고 해서 사람을 해치거나 물건을 부수면 안된다', '커피를 가지고 오는 데 몇 년씩 걸려서도 안 된다'는 등의 가치들 말이다. 반면 인공지능은 오로지 자신이 받은 '커피를 가져오라'라는 명령을 완수하려 노력한다. 인간이 원하는 가치가 무엇인지 인공지능에게 가르치기 위해 지금까지는 강화학습으로 상과 벌을 주는 방식을 사용했다. '역강화학습Inverse Reinforcement Learning', 즉 인간이 인공지능의 학습 과정을 지켜보면서 무엇이 보상으로 작용하는지 찾아보거나 인공지능이 인간의 행동을 관찰해 진짜 의도를 추정해내는 방식이 쓰이기도 한다.

최근 학계의 주목을 받았던 학습 방식은 CIRL Cooperative Inverse Reinforcement Learning (협력적 역강화학습)로, 인간과 인공지능의 협력을 최대한으로 이끌어내는 데 중점을 둔 방식이다. 인공지능은 결정을 내리기 애매한 상황에서 인간에게 먼저 물어보고 행동할 때 보상을 받고, 인간은 인공지능을 가르칠 때 보상을 받는다. 이렇게 로봇이 묻고 인간이 가르치면서 마치 2인 3각 달리기 같은 협업이 이루어지는 것이다.

안전 문제를 좀 더 깊이 연구한 것은 딜런 해드필드-메넬Dylan Hadfield-Menell이다. 그는 오프 스위치 게임The Off-switch Game을 고안해냈는데, 이는 인공지능이 위험한 행동을 하려고 할 때 스스로 스위치를 끄도록 만들어 안전을 확보하기 위한 개념 모델이다. 이것을 가능하게 하려면 인간의 진정한 목적이 컴퓨터와는 달리 불확실uncertain하다는 것을 인공지능이 반드시 인정하게 만들어야 한다. 또한 의도했던 것보다 더 나은 결과outcome를 낼 수 있다고 생각되면 인간이 즉시 개입할 수 있어야 한다. 이 기능을 구현하여 모든 인공지능 분야에 기본으로 탑재해야 한다는 논의도 이루어지고 있을 만큼 중요한 이슈다.

이 밖에도 인공지능과 인간의 커뮤니케이션을 더욱 원활하게 하여 안전성을 확보하려는 다양한 연구가 시도되고 있다. 인공지능에게 인간의 언어를 여러 차례 반복적으로 학습시키는 방식Task-Oriented Language Grounding이 가장 대표적이다. 인공지능은 인간을 관찰함으로써 인간이 같은 단어라 해도 상황에 따라 다양한 의미로 사용한다는 것을 이해하게 된다. 인간의 언어를 추론하고 해석해낼 수 있다면 인공지능은 강화학습을 이용하는 기존의 방식보다 훨씬 더 빠르고 자연스럽게 원하는 결과물을 도출해낼 수 있을 것이다. 또한 인간의 한계를 뛰어넘지 않는 수준에서 안전성을 확보할 수 있을 것이다.

인간을 이해하면 인공지능이 보인다

———

한 트위터 유저가 자신이 써본 인공지능 에이전트들의 특징을 의인화하여 재치 있게 표현한 그림이 회자된 적이 있다. 그림을 자세히 살펴보면, 애플의 시리는 우리말 '차도녀(차가운 도시 여자)'쯤 될 것 같다. 목소리에서 도도한 여성 직장인의 느낌이 들도록 디자인됐다. 반면 아마존의 알렉사Alexa는 중년 여성을 떠올리도록, 친근하면서도 우리집의 변화를 잘 아는 느낌을 주도록 표현됐다. 알렉사의 주 사용자 역시 전업주부, 중년 여성일 가능성이 높다.

인공지능 에이전트에게 질문 5000개를 던지고 응답이 적절했는지를 평가하는 보고서가 있다. 여기서는 구글의 나우NOW가 60퍼센트 넘는 수치를 보이며 1위를 차지했다. 반면 시리와 알렉사는 20퍼센트대에 그쳐 공동 꼴찌였다. 순위만 놓고 보면 사람들이 당연히 구글 나우를 쓸 것 같지만 현실은 달랐다. 구글 나우는 사용자가 묻기도 전에 GPS 자료를 바탕으로 사용자가 외출 중이라고 판단되면 주차 안내를 해준다. 이 기술을 좋아하는 사람이라면 반기겠지만 상당수의 사람들은 자신이 감시받고 있는 것 같다며 불쾌감을 표시했다. 이처럼 사용자가 정보 유출 우려 때문에 앱을 삭제하거나 개인정보 수집 항목에 동의하지 않게 된다면 설계가 실패한 것이다. 만약 귀여운 캐릭터가 등장해 "집에 가시려고요?"라고 묻고 사용자는 OK를 누르게 만들었다면 훨씬 거부감이 적었을 것이다.

마이크로소프트도 인공지능 에이전트 디자인에 실패해 곤욕을 치른 적이 있다. 마이크로소프트는 2016년 인공지능 채팅봇 '테이Tay'를 내놓았다. 트위터 사용자들과 대화하면서 인간의 언어를 학습해나간다는 계획이었으나 극우 성향의 네티즌들이 욕설, 인종차별 및 성차별 발언을 계속 유도하여 16시간 만에 서비스가 중단되기도 했다.

이처럼 인간과 인공지능 사이의 상호작용에는 성능 자체보다 디자인이 더욱 중요한 요소로 작용하기도 한다. 기술 개발 단계와 달리 상업화·제품화 단계에서는 사람들의 심리나 감성을 잘 이해하고 있는 사람이 반드시 필요하다. 구글이나 마이크로소프트 같은 세계적인 기업도 개발자, B2B Business to Business 중심의 관점을 벗어나지 못했기 때문에 비싼 기회비용을 치러야 했다.

인공지능이 일상에서 널리 쓰일수록 인간도 변화한다. 인공지능 에이전트가 우리의 언어습관을 바꿀 것이라는 전망도 있다. 인간은 인공지능이 잘 알아들을 수 있도록 짧고 명확한 문장 위주로 말을 하고, 그러면 인간의 언어를 학습한 인공지능끼리도 비슷한 형태의 문장으로 대화해 다시 인간에게도 영향을 준다는 것이다. 인간이 기술을 만들어내지만 기술이 인간을 바꾸기도 한다.

이 단계까지 가능하려면 인공지능 에이전트가 처음에 만족할 만한 성과를 내지 못하더라도 사람이 오랫동안 함께하면서 인공지능에 애착을 갖게 만드는 것이 관건이다. 인공지능 분야를 이끌어갈 차세대 기업의 과제이기도 하다. 이를 가장 잘해내고 있는 기업 중 하나가 아마존이다. 아마존 알렉사는 1000만 대가 넘게 팔리면서 이미 생태계가 만들어졌다. 지금 시판 중인 다른 인공지능 스피커와 비교하는 것 자체가 어불성설이다. 기술력뿐 아니라 생산·마케팅·유통 분야에서 아마존이 충분한 사업 역량을 갖추었기 때문에 가능한 일이다. 이제 후발주자는 아마존이 손 대지 않은 시장에서 치고 나가야 한다. 소수의 열광적인 사용자를 확보하는 초기 단계를 넘어 100만 명 이상의 사용자를 확보하는 단계로 진입하려면 서비스와 가격을 어떻게 책정하여 잘 유통하느냐도 관건이 된다.

앞으로는 인간의 수만큼 다양한 인공지능 에이전트가 나올 것이다. 이미 의료, 게임, 언론 등 다양한 분야에서 새로운 인공지능 에이전트가 속속 개발되고 있다. 우리가 의사에게 연애 상담을 하지 않듯이, 한 분야에서 전문성을 확보한 인공지능 스타트업이 성공할 것이다. 하드웨어 분야에서도 전력 소모가 적고 저렴한 기기, 웨어러블 기기 등이 등장하고 있으며 이에 따라 인공지능의 발전 방향도 예상치 못한 쪽으로 바뀔 수 있다.

모든 것은 영향을 주고받는다. 우리는 기술 자체에 의존하기보다는 기술을 통해 문제를 해결하겠다는 본래의 목적에 집중해야 한다.

02 연결의 미래

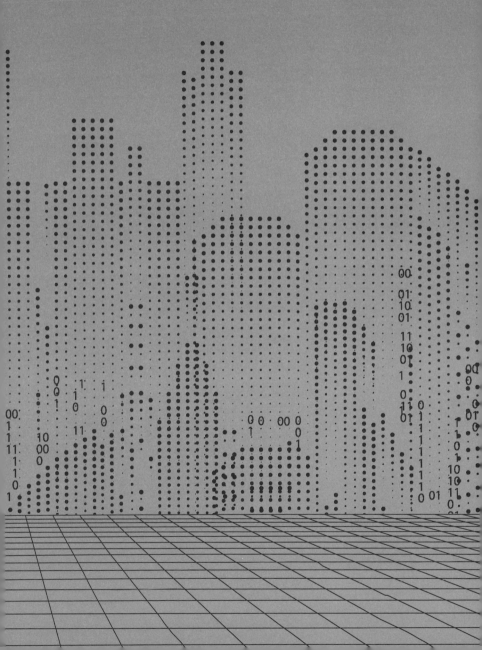

시장의 판도가 바뀐다

10

—

인공지능 융합 플랫폼

—

2028년을
상상하라

—

이용덕
드림앤퓨처랩스 대표

—

10년 후, 세계의 기술 생태계와 산업 지형도는 어떻게 바뀌어 있을까? 인공지능 융합 기술이 만들어내는 변화, 전통적인 비즈니스와 차별화되는 소프트웨어 서비스 중심의 플랫폼 비즈니스를 만나보자.

이용덕

다국적 반도체·IT 기업에서 30여 년간 커리어를 쌓았다. 엔비디아 코리아 지사장, 브로드컴 코리아 지사장, 레저리티 코리아 지사장 등 20년을 한국 IT 마켓 전문가로 활동했다. 현재 드림앤퓨처랩스 대표로 한국의 스타트업 육성과 고등학생 및 대학생들을 위한 멘토링을 하고 있다.

10년 뒤, 세계의 기술 생태계와 산업 지형도는 어떻게 바뀌어 있을까? '2028년'을 머릿속에 그리고 있는 사람과 아닌 사람이 맞이할 미래가 다르리라는 것만은 확신할 수 있다. 지금 개발하고 있는 프로젝트의 3년 후, 나아가 10년 이후를 내다보고 준비한다면 더욱 경쟁력을 가질 수 있지 않을까? 여러분이 맡은 프로젝트가 시간이 흘러가며 어떤 기술 트렌드를 따라갈지, 미리 비전을 가지고 관리해야 한다. 10년 뒤의 세상을 예측하는 데 한 가지 단서가 될 수 있는 것이 GPUGraphics Processing Unit(그래픽 처리 장치), 머신러닝Machine Learning(기계학습), 그리고 AI 기술이다.

GPU, 머신러닝, AI 기술은 이미 우리 삶 곳곳에서 상상 속의 이야기를 현실로 바꾸는 데 기여하고 있다. 향후 10년을 이끌어갈 혁신의 불씨는 이미 지펴진 셈이다. 이 기술들은 서로 융합하여 질병에 걸린 농작물을 구분해내고, 해양생물 조사 기간을 10년에서 1개월로 단축시키고, 시각장애인이 음성 지원으로 책을 읽고 사람을 식별할 수 있도록 돕는다. 드론을 활용해 재난 사고 구조 업무를 수행하는 일이나 자율주행차 운행도 이 기술들과 밀접하게 연관되어 있다. 알파고는 이세돌 9단과의 바둑 대국에서 승리를 거두면서 단숨에 화제의 중심이 됐고, 1년 뒤에는 바둑의 기본 규칙만 가지고 인간의 도움 없이 스스로 학습하고 진화하여 최고의 바둑기사인 커제 9단을 꺾은 알파고 제로AlphaGo Zero가 등장했다. 실로 놀라운 기술의 발전이다. 앞으로는 더욱 놀라운 일들이 많이 일어날 것이다.

혁신의 중심지, 실리콘밸리

딥러닝 기술이 세상을 바꿀 혁신의 불씨라면, 그 중심지는 단연 미국 실리콘밸리다. 나는 1989년부터 30년 동안 다국적 IT·반도체 기업에서 일했고 특히 2000년대부터 지금까지 거의 매달 실리콘밸리를 오가면서 세계적인 IT 기업들이 성장하는 과정을 지켜보았다. 그들은 어떻게 이런 놀라운 성장을 이뤘으며, 지금은 또 무엇을 준비하고 있을까?

지금은 우리에게 친숙한 기업이 된 구글은 1998년 Google.com을 만들면서 베타 서비스로 검색엔진 사업을 시작했다. 2000년에는 하루 검색량 1800만 건을 소화하며 세계에서 가장 큰 검색엔진으로 발돋움했지만 여전히 적자 상태였다. 1994년, 아마존과 야후가 실리콘밸리에서 탄생했다. 아마존은 최고경영자 제프 베조스Jeffrey Bezos의 차고에서 시작됐다. 1997년 처음으로 온라인에서 책 한 권을 주문받아 우체국 소포로 배달하는 서점으로 출발하여 오늘날에는 세계 최고의 AI 회사로 성장했다. 뒤이어 1990년대 중후반에는 델DELL, 넷플릭스Netflix, 어도비Adobe 같은 기업이 줄줄이 생겨났다. 2004년 페이스북이 설립되고, 2006년 테슬라가 전기차 판매를 시작하면서 내연기관의 대변혁을 이끌었다. 2000년대까지는 닷컴 기업이 변화를 주도했다면 2010년대 들어서는 구글, 애플, 페이스북, 아마존 등의 기업이 AI 기술을 중심으로 혁신을 시도하고 있다. 특히 AI 기술과 신기술을 융합하려는 시도가 여러 분야에 걸쳐서 이루어지고 있다.

레이서 없이 달리는 F1 대회
——

AI 기술을 가장 많이 사용하는 분야는 단연 자율주행차다. 자율주행 플랫폼을 개발하는 기업이 전 세계에 400곳이 넘고 투자액도 40조 원을 넘어섰다. 2018년 3월, GM(제너럴모터스)은 기자회견을 통해 레벨 4, 즉 인간의 개입이 필요하지 않은 단계의 자율주행차를 2019년 10월부터 시판할 계획이라고 밝혔다. '크루즈Cruise'라는 이름의 신차를 생산하기 위해 1조 원을 투자하겠다는 계획도 함께 밝혔다. GM이 공개한 크루즈 홍보 영상을 보면 차량 내부에 핸들도, 기어도, 액셀도, 브레이크도 없다. 운전자가 아무런 조작을 하지 않아도 차량이 스스로 주행할 수 있다는 의미다. GM은 내연기관을 사용하는 전통적 형태의 자동차를 가장 많이 만든 회사 중 하나다. 이런 회사가 IT 기술을 기반으로 한 자동차를 만드는 데 거액을 투자한 까닭은 시장의 변화를 감지했기 때문이다. 이미 테슬라, 구글, BMW, 다임러 등이 자율주행차 개발에 뛰어든 지 오래다.

구글은 지난 2018년 12월 5일, 전 세계 최초로 운전자가 없는 자율주행 택시 서비스를 시작했다. 웨이모 원Waymo One이라는 이름으로 미국 애리조나주 피닉스시와 인근 지역에서 서비스를 제공한다. 이는 자율주행차로 지난 10년간 미국 내 도로를 1000만 마일(1600만 킬로미터)이상 주행하며 축적한 구글의 경험과 데이터 덕분에 가능했다. 도로 주행 거리만 지구를 400 바퀴 돌고도 남을 정도이며, 컴퓨터 시뮬레이션을 통한 가상 주행 거리는 70억 마일(112억 킬로미터)이나 된다. 구글은 사고로부터 안전한 자율주행차에 초점을 맞추어 오늘 이 시간에도 도로 주행 경험을 축적하고 이로부터 얻은 데이터를 학습하고 있다.

테슬라 또한 빠르게 진격 중이다. 2019년 2월 20일, 테슬라 최고경영자 일론 머스크는 ARK 인베스트 팟캐스트와의 인터뷰를 통해 수 개월 내에 완전 자율주행 시스템을 내놓을 것이라고 밝혔다. 구체적인 출시 일자는 밝히지 않았지만 신경망 인공지능에 특화된 '오토파일럿 하드웨어 3.0Autopilot Hardware 3.0'을 준비한다고 한다. 이를 시발

점으로 거의 모든 자동차 기업들은 2020년 혹은 2021년에 자율주행 전기차를 공급하겠다고 앞다투어 발표하고 있다.

자율주행차 기술이 어느 단계까지 성숙했는지를 체험할 수 있는 대회도 곧 열린다. 포뮬러 원Formula One, F1이 준비 중인 자율주행차 경주대회다. 세계 최고의 자동차 경주대회인 포뮬러 원은 이미 2014년부터 전기차끼리 승부를 가리는 '포뮬러 E 챔피언십' 대회를 개최해왔다. 이어 2015년에는 무인 차량끼리 경쟁하는 '로보레이스Roborace' 대회에 대한 청사진을 밝혔다. 그 후로 3년이 지난 2018년 7월, 영국에서 열린 굿우드페스티벌 오브 스피드Goodwood Festival of Speed에서는 최고 시속이 320킬로미터에 달하는 자율주행 레이싱 카가 1.86킬로미터의 코스를 완벽하게 주행하며 관중의 시선을 사로잡았다. 2019년 상반기에는 실제 F1 포뮬러 트랙에서 운전자가 없는 완전 자율주행 차량이 속도를 겨루는 장면을 볼 수 있을 예정이다. 10

2019년 제네바 모터쇼에서 공개된 로보레이스 카

개 참가팀에게 2대의 레이싱 카를 할당하여 경기를 치르는데, 각 팀이 얼마나 정교한 소프트웨어 알고리즘을 구축하느냐가 승부처가 된다. 로보레이스에 참가하는 자율주행차는 센서, 카메라, 인공지능, 라이다LiDAR(레이저를 비추어 사물 간의 거리 등을 인식하는 기술) 등 그야말로 첨단기술의 집약체다. 스스로 트랙을 보고 판단하고 학습하고 인지하면서, 시속 300킬로미터가 넘는 속도로 질주하는 무인 레이싱 카의 모습을 기대해본다.

시장에서 실제로 자율주행차가 판매되고, 최고의 자동차 기술이 집약된 F1 대회에서 자율주행차 레이스가 열린다면 자율주행차가 우리 생활 속에서 널리 쓰이는 시기 또한 예상보다 앞당겨질 것이다. 지금까지는 2025년 정도로 내다보는 전문가들이 많았으나, 나는 2023년쯤이면 자율주행차가 더 이상 낯선 기술이 아닐 것이라고 생각한다. 자율주행차의 확산은 자동차 시장뿐 아니라 다른 시장의 변화까지도 앞당길 것이다.

자율주행차에 비하면 아직은 먼 미래의 이야기 같지만, 세계적인 IT 기업은 이미 우주탐사에도 뛰어들고 있다. 2015년 11월, 실리콘밸리 본사에 있을 때 모든 직원들이 일을 멈추고 CNN 방송 생중계를 보기 위해 TV 앞으로 모여들었던 순간이 생각난다. 민간 우주항공기업 스페이스 X Space X가 위성 탑재 로켓 '팰컨 9'을 발사한 후 1단 추진 로켓을 지상에 재착륙시키는 데 최초로 성공한 날이었다. 이 성공이 역사적이었던 것은 이로써 '로켓 재사용'의 길이 열렸기 때문이다. 그 이전까지 위성을 우주로 쏘아 올린 로켓은 모두 일회용이었다. 우주선 발사 후 분리된 추진체는 바다로 떨어져 재사용이 불가능했는데, 스페이스 X가 추진체를 원격조종하여 지상으로 재착륙시키는 데 성공한 것이다. 스페이스 X는 로켓 재사용 기술 덕분에 앞으로 발사 비용이 10분의 1 수준으로 줄어들 것으로 내다봤다. 발사 비용이 획기적으로 줄어든다면 우주 여행이 대중화될 가능성도 그만큼 높아질 것이다.

스페이스 X의 일론 머스크는 2019년 2월 자신의 소셜미디어를 통해 현재 2023년 시작될 달 관광을 추진 중이며 2024년에는 화성에

스페이스 X의 위성 탑재 로켓 팰컨 9
의 발사 장면

여행객 100명을 보내겠다는 포부를 밝혔다. 또한 2060년쯤에는 화성에 인간이 정착해서 살 수 있도록 하겠다는 목표를 제시했는데 지켜볼 일이다. 이처럼 지난 50년간 정부 주도로 이루어졌던 항공우주 산업에 최근 15년 동안은 민간 기업이 적극적으로 뛰어들고 있다. 이들 기업의 기술 발전 추이를 보면 화성 도시 건설도 허무맹랑한 이야기만은 아니라고 생각한다.

자율주행차도, 원격조종 로켓도 결국은 우리 손 안의 스마트폰처럼 '스마트 AI 플랫폼'이다. 즉 하나의 플랫폼 위에 여러 기술을 집약해놓은 것이다. 앞으로의 과제는 이 플랫폼에 무엇을 융합하느냐다. 거리에서 자율주행차를 흔히 볼 수 있는 세상이 온다면, 혹은 로켓 발사 비용이 획기적으로 낮아져서 우주여행이 일상화된다면 어떤 일이 벌어질까? 신기술이 개발되는 추이를 관심 있게 지켜보면서 다양한 상상을 펼쳐보기 바란다. 미래를 주도할 새로운 사업 아이템이 거기서 시작될 수도 있다.

인공지능, 렘브란트를 품다

인공지능 기술은 이미 일상에서 폭넓게 쓰이고 있지만 여전히 인공지능 기술에 배타적인 반응을 보이는 분야도 있다. 대표적인 곳이 예술계다. 그간은 예술 작품에서 드러나는 인간의 섬세한 표현력을 인공지능은 도저히 따라잡을 수 없을 것이라는 의견이 지배적이었다. 그

더 넥스트 렘브란트 인공지능 기술로 네덜란드 화가 렘브란트가 그린 작품 346점을 분석하여 제작한 3D 프린팅 그림. 렘브란트의 작품에 등장하는 인물들의 옷차림, 나이, 이목구비 등을 분석하여 가장 평균적인 인물상을 도출했고, 캔버스 표면의 높이 지도를 만들어 렘브란트의 붓질 패턴을 재현했다.

런데 이 통념을 뒤집는 작품이 나왔다. 2016년 4월, 네덜란드에서 발표된 '더 넥스트 렘브란트The Next Rembrandt'라는 제목의 초상화다. 언뜻 보면 바로크 시대 화가 렘브란트의 작품으로 착각하기 쉽지만 사실 이 작품의 '화가'는 인공지능 3D 프린터 플랫폼이다.

과학자·미술사학자·큐레이터·엔지니어 등으로 이루어진 연구진은 18개월간 렘브란트의 그림 346점에 등장하는 모든 인물을 인공지능을 사용해 분석했다. 인물의 성별, 나이, 옷차림, 얼굴 방향, 이목구비 간격 등을 측정하여 가장 평균적인 인물상을 도출한 결과, '흰색 옷 깃이 달린 어두운 옷을 입고 모자를 쓴 채 오른쪽을 바라보는 30~40

세의 백인 남성'이 〈더 넥스트 렘브란트〉의 주인공이 되었다. 뿐만 아니라 연구진은 렘브란트의 작품에서 물감이 얼마나 두껍게 발렸는지 그 높이를 측정해 붓터치의 질감까지 그대로 재현해냈다.

〈더 넥스트 렘브란트〉는 인공지능 융합 플랫폼의 새로운 가능성을 보여준 사례다. 인공지능 기술이 중심이 되는 모든 플랫폼의 핵심은 결국 '기술'과 '데이터'이다. 이를 바탕으로 새로운 아이디어나 접근법이 가미된다면 기존 시장이나 서비스를 대체할 혁신이 이루어질 수 있다. 예컨대 〈더 넥스트 렘브란트〉 같은 프로젝트들이 보편화된다면 렘브란트 그림을 감상하기 위해 네덜란드까지 가지 않아도 된다. 대신 전 세계 어디서든 렘브란트 그림을 볼 수 있도록 관련 장비나 프로그램을 서비스해주는 업체가 새롭게 등장할 것이다.

뉴스에 종종 등장하는 '로봇 변호사'도 인공지능 융합 플랫폼의 또다른 사례다. 법률 분야는 기술과 데이터가 결합하여 큰 시너지 효과를 내는 대표적인 영역이다. 인공지능 개발사 로스 인텔리전스는 판례 수집과 분석 등을 제공하는 법률 서비스 '로스'를 개발했다. IBM의 왓슨을 활용한 로스는 인간 변호사와 비교할 수 없는 속도로 자료를 읽어들인다. 이 '로봇 변호사'를 이용하는 로펌이 미국에서만 20곳이 넘는다. 인공지능 중심 플랫폼이 로펌 서비스를 바꾸고 있는 셈이다. 즉, 이전까지는 재판에 변호사를 내보내 승소하고 수당을 받는 것이 법률 분야 시장의 주된 수익 모델이었다면, 이제는 전 세계 로펌에 로봇 변호사 시스템을 판매하고 유지 및 관리하면서 수익을 창출하는 모델이 추가된 것이다.

우리 몸이 인공지능 플랫폼이 된다면 어떨까? 2017년에 개봉한 영화 〈공각기동대〉에는 컴퓨터와 결합한 인간이 주인공으로 등장한다. 메이저 미라(스칼렛 조핸슨 분)는 뇌 일부와 척수를 제외한 대부분의 몸이 기계로 된 사이보그다. 목 뒤의 단자에 코드를 꽂으면 컴퓨터와 연결된다. 인간은 컴퓨터의 일부가 되고, 컴퓨터도 인간의 일부가 되는 AI 휴먼AI Human에 대한 상상력을 보여주는 영화다. 이 영화 같은 일을 현실로 재현하기 위한 연구가 진행 중이다. 2017년 3월, 일론 머스크는 '뉴럴링크'라는 의료 연구 회사를 설립했다고 공식적으로 밝혔다. (일론 머스크는 이 회사를 2016년에 설립했으나 2017년에야 언론에 공개했다.) 일론 머스크는 하버드대학교 생명공학과 리우 지아Jia Liu 교수팀이 〈네이처 나노테크놀로지〉에 발표한 초소형 전자 그물망 연구 등을 바탕으로 기술 개발을 추진해왔다. 뉴럴링크의 목표는 30년 뒤, 뇌에 슈퍼컴퓨터 기능을 탑재한 AI 휴먼을 만드는 것이다. 이 목표를 달성하기 위해 인간의 뇌에 초소형 칩인 '뉴럴 레이스Neural Lace(신경 그물망)'를 이식해 뇌신경과 컴퓨터가 서로 소통할 수 있도록 만드는 기술을 연구 중이다. 실현 가능성이 어느 정도인지는 미지수지만, 우리는 기술이 발전해가는 방향에 주목해야 한다. 30년 뒤에 정말로 뉴럴링크의 목표가 실현된다면 어떨까? 지식의 개념이 완전히 바뀔 것이다. 다음날 중국 출장을 떠나게 된 사람이 돈을 내고 '최상급 중국어 구사능력'을 구입하면 바로 최상의 중국어 회화 지식을 탑재

할 수 있을지도 모른다.

지금은 거짓말 같은 이야기로 들리지만 인공지능 융합 기술이 발달하면서 우리는 이미 예전에는 불가능했던 일들을 실현해가고 있다. 예컨대 혈액 한 방울로 가정에서 백혈병을 진단할 수 있고, 인공지능이 화가·감독·작곡가가 되는 일이 가능해졌다. 신약 개발 기간을 단축하고 농약 사용을 줄이는 데도 인공지능 융합 기술이 활약하고 있다.

미래의 패션 기업은 옷을 팔지 않는다

1990~2000년대 초반에 태동한 아마존·애플·구글·페이스북 등의 IT 기업들은 불과 20여 년이 지난 지금 어마어마한 돈을 버는 회사로 거듭났다. 2019년 4월을 기준으로 이들 4개 기업의 시가총액을 합하면 3조 204억 달러(3204조 원)에 이른다. 이 금액을 세계 각국의 GDP와 비교해보면 미국, 중국, 일본, 독일 다음으로 큰 규모다. 이들은 '인공지능 플랫폼' 중심의 비즈니스를 추구한다. 지난 20년간 이들은 최고봉에 서서 세계 IT 시장을 이끌어왔고, 계속해서 시장을 주도하기 위해 더욱 더 많은 투자를 하고 있다.

앞으로 10년 뒤 정상의 자리를 노리는 스타트업들이 주목하는 분야 역시 인공지능 융합 플랫폼이다. 미국의 온라인 패션 쇼핑몰 '스티치픽스Stich Fix' 홈페이지에는 옷 사진이 하나도 없다. 대신 사용자가 자신의 나이, 직업, 성별, 체형, 좋아하는 색상, 옷이 필요한 상황(동창회, 결혼식 등) 등을 입력하면 인공지능 알고리즘이 이 데이터를 바탕으로 계절에 맞는 옷과 소품 다섯 벌을 골라준다. 마지막으로 스타일리스트의 검수를 거친 뒤 이 다섯 벌이 고객의 집으로 배송된다. 마음에 안 들면 무료로 반송이 가능하고, 다섯 벌 중 한 벌이라도 구입하게 되면 옷값에 추가로 약간의 스타일링 비용을 지불하면 된다. 스티치픽스는 현재 200만 명가량의 회원을 보유하고 있다. 유튜브에는 스티치픽스의 시스템을 흥미롭게 여긴 고객들이 올린 '언박싱 Unboxing(상자 개봉)' 영상이 수도 없이 올라와 있다. 스티치픽스에서 보낸 택배 상자를 개봉하여 내용물을 하나씩 입어보고 소개하는 영상이다. 바이럴 마케팅이 저절로 이루어지고 있는 셈이다.

딥러닝 기술의 특성상 고객 데이터가 많이 누적될수록 인공지능 알고리즘에 따른 추천이 실제 구매로 연결될 확률이 더욱 높아진다. 이전에 구매했던 옷, 비슷한 연령대와 성별의 고객이 구입한 옷의 특성이 추천 알고리즘에 반영되기 때문이다. 스티치픽스는 이 독특한 발상으로 한 해 1조 원이 넘는 매출을 올리고 있다.

일본 패션 브랜드 조조타운ZOZOTOWN에서 2017년 선보인 조조슈트ZOZOSUIT는 조금 민망할 수도 있는 '쫄쫄이' 옷이다. 과연 이 옷을 입고 집 밖을 나설 수 있을까 의아한 생각이 들겠지만 사실 이 옷은 고객의 정확한 신체 사이즈를 측정하기 위해 조조타운 측이 배포한 특수 의상이다. 조조슈트는 발표된 지 10시간 만에 예약 건수가 23

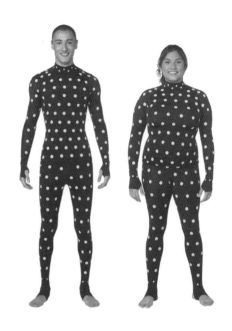

조조슈트 일본 패션 브랜드 조조타운이
발매한 신체 사이즈 측정용 바디 슈트

만 건을 넘기면서 폭발적인 반응을 이끌어냈다. 이후 조조타운은
2018년 총매출 1조 엔(10조 원)을 돌파하며 급성장했다. 어떻게 이렇게
큰 성공을 거둘 수 있을까? 답은 기술과 데이터에 있었다.

조조슈트를 입은 뒤 스마트폰 카메라 앞에서 360도로 한 바퀴 돌
면 체형이 스캔된다. 조조타운은 이 데이터를 바탕으로 고객에
게 맞는 기성복을 추천하거나 세상에서 하나뿐인 자신만의 옷을 만
들 수 있게 해준다. 기술과 데이터를 바라보는 시야를 조금만 넓혀
도 완전히 새로운 서비스가 탄생할 수 있음을 보여주는 인상적인 사
례다. 조조타운은 스티치픽스와 마찬가지로 인공지능 플랫폼을 바

탕으로 패션 분야에서 옷이 아니라 '스타일링 서비스'를 판매하는 비즈니스를 개척했다. 앞으로 5년, 10년 후 패션 산업이 어떻게 바뀔지를 내다본 과감한 시도였다.

전통적인 산업이라도 접근 방법이 달라지면 무한한 기회가 열린다. 스티치픽스·조조타운과 비슷하게 발상을 전환하여 시장 공략에 나선 또다른 예로, 스마트 포크와 스마트 화분을 소개하고 싶다. '해피 포크HAPI Fork'라는 이름의 스마트 포크는 블루투스 기능을 이용해 스마트폰과 연동할 수 있는 기기다. 사용자의 나이·키·몸무게를 입력한 뒤 이 포크로 식사를 하면 개개인에게 알맞은 식사 속도와 식사량을 제안해준다. 밥을 너무 급하게 먹거나 많이 먹고 있다고 판단되면 불빛이나 소리로 알려주는 기능도 있다. 맞춤형 서비스를 제공하는 스마트 화분도 있다. 화분에 어떤 종의 식물을 심었는지 입력하면 식물의 특성과 화분이 놓인 위치, 기온 등을 고려하여 알맞은 수분을 공급해 최적의 환경을 만들어준다.

이 기업들이 파는 건 포크나 화분 같은 단순 소비재가 아니다. 이들 기업이 궁극적으로 판매하고자 하는 것은 인공지능 기반의 '소프트웨어 플랫폼 서비스'다. 포크나 화분을 팔아서 돈을 벌고자 한다면 6개월 안에 쏟아져 나올 저가의 카피 제품과 차별성을 두기 어렵다. 하지만 데이터를 바탕으로 한 서비스를 판매하는 스마트 포크와 스마트 화분은 유사품으로 쉽게 대체할 수 없다. 사용자가 오랜 기간에 걸쳐 기기를 사용하면서 쌓아 올린 데이터에 기반을 두고 있기 때문이다. 소프트웨어 서비스 중심의 플랫폼 비즈니스가 전통적인 비즈니스와 차별화되는 것이 바로 이 부분이다.

10년 후를 상상하는 힘

———

다시, 2028년을 상상해보자. 그동안 세상은 IT(정보기술) 시대를 거쳐 DT(데이터기술) 시대로 넘어왔고 앞으로의 10년을 이끌어갈 신기술로는 BT(바이오기술)가 주목받고 있다. 생명공학 분야에서 3D 프린터를 활용하여 장기나 뼈를 재생하는 기술이 연구 중이다. 영국 연구진이 인간 배아줄기세포를 프린팅하는 데 성공하면서 곧 거부반응 없는 장기이식이 가능해질 것이라는 기대감이 높아지고 있다. 그렇다면 BT 시대에서 다시 10년이 지난 미래를 주도할 기술은 무엇일까?

〈UN 미래보고서〉에 따르면 2040~2050년에는 세계 인구가 90억 명에 달할 것이라고 한다. 전문가들은 식량 부족과 물 부족이 가장 큰 문제로 떠오르면서 푸드 테크놀로지, 즉 식량생산 기술이 각광받을 것으로 내다보고 있다. 푸드 테크놀로지는 달걀, 고기, 채소를 더 많이 생산하는 데 초점을 둔 기술이 아니다. 저렴하고 친환경적이며 건강에 좋은 식재료를 새롭게 만드는 것이 목표다.

겉보기에는 평범한 햄버거와 똑같지만 비밀이 숨겨진 버거가 있다. 이 버거의 이름은 '임파서블 버거Impossible Burger'다. 2016년 6월, 뉴욕에서 첫 선을 보인 임파서블 버거는 12달러라는 비교적 비싼 가격에도 불구하고 판매 첫날부터 맛보려는 사람들이 줄을 섰다. 감자, 코코넛 오일 같은 식물성 재료로만 만들어진 특별한 햄버거였기 때문이다. 고기가 전혀 들어가지 않았지만 이 햄버거를 맛본 사람들은 패티의 식감이나 육즙, 냄새가 고기와 거의 흡사하다고 말한다. 임파서블 버거는 2011년 설립된 푸드 테크놀로지 기업 '임파서블 푸드Impossible Food'의 작품이다. 빌 게이츠, 구글 등이 이 기업에 투자하고 있다.

나아가 구글, 오라클, 아마존 같은 IT 기업은 앞으로 30~50

임파서블 버거 미국 푸드 테크놀로지 기업 임파서블 푸드가 선보인 채식 버거. 감자 단백질, 밀 단백질, 코코넛 오일 등 식물성 재료만으로 고기 패티의 맛과 식감을 재현했다.

년 뒤 고령화 사회를 대비해 헬스케어 분야에도 투자하고 있다. 2013년 9월 18일 자 〈타임〉지는 인간 수명 연장에 관한 구글의 연구를 커버스토리로 다뤘다. 만일 의료 데이터나 유전자를 분석해서 질병을 예측하고 개인별 맞춤 처방을 제공하는 일이 가능하다면, 의료 영역은 병원이나 제약회사만의 전유물이 아니라 IT 기업이 서비스를 선보이는 장이 될 것이다. 구글은 계열사 칼리코Calico를 통해 노화를 늦춤으로써 인간의 수명을 500세까지 늘리려는 프로젝트를 진행하고 있다. 2016년, 아마존의 제프 베조스 또한 노화방지 치료법을 개발하고 있는 생명과학 스타트업 유니티 바이오테크놀로지Unity Biotechnology에 1억 2700만 달러를 투자한 바 있다.

미래를 예측하려는 노력으로 기업의 미래가 만들어진다. 자율주행차 대중화가 예상보다 1년 앞당겨지면 어떤 일이 일어날지, 푸드 테크놀로지가 발달하면 어떤 일이 일어날지 꾸준히 관심을 갖고 지켜보자. 〈포춘〉지가 꼽은 2000년 100대 기업 가운데 2016년에도 여전히 100위권 안에 머무른 기업은 18개에 불과했다. 불과 16년 사이 애플, 삼성, 아마존 같은 플랫폼 중심의 소프트웨어 회사들이 빠르게 성장했다. 2028년이 오면 100대 기업 순위는 크게 달라져 있을 것이다. 이 순위가 어떻게 바뀔지 주시하며 예측해보는 것도 미래를 준비하는 유의미한 연습이 될 수 있다.

호주의 교육연구기관 '센터 온라인The Centre Online'에서 지난 2014년에 공개한 유튜브 영상이 화제를 모은 적이 있다. 2028년이라는 시점에 우리가 사는 세상에 어떤 변화가 일어날 것인지를 예측한 인상적인 영상이다. 이들의 예측에 따르면 2028년 인류의 가장 중요한 자원은 석유가 아닌 물이다. 인구의 3분의 1이 100세 이상을 살며 비만과 우울증 환자는 더욱 늘어난다. 가장 많은 사용자를 보유한 언어는 중국어, 가장 많은 신도를 보유한 종교는 이슬람교다. 현존하는 직업의 절반 정도는 인공지능으로 대체되고 인터넷 콘텐츠를 DNA에 저장할 수 있는 세상이 온다. 중국과 인도가 세계 최고의 경제 대국이 되면서 중산층이 빠르게 늘어난다. 여러분은 어떻게 변화를 받아들일 것인가? 다가올 2028년을 위해 무엇을 준비해야 할지 한 번 고민해보길 바란다.

11

—

핀테크

—

소프트웨어가
금융을 집어삼키다

—

이승건
비바리퍼블리카(토스) 대표

—

금융과 IT의 융합, 핀테크가 가져온 '금융혁명'이 나날이 가속화되고 있다. 세계 곳곳에 진지를 마련하고 가파른 성장세를 보이는 핀테크 기업들은 어떤 서비스를 제공하면서 소비자들의 마음을 사로잡았을까? 핀테크 기업들의 세계를 통해 금융의 미래를 엿본다.

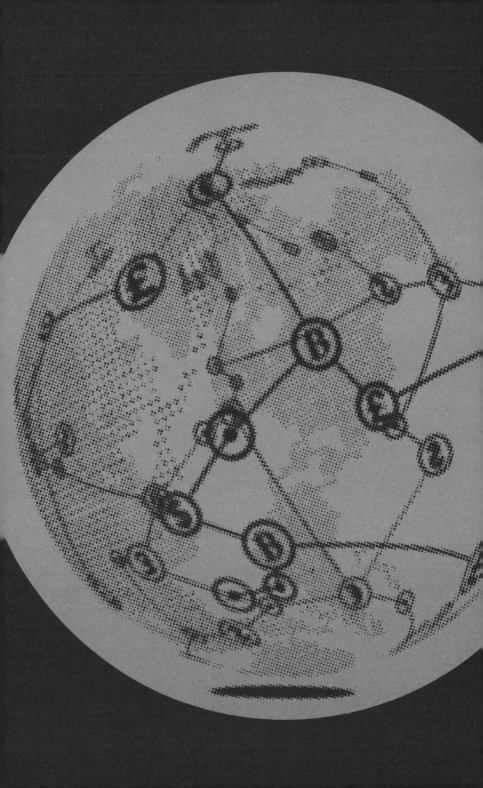

이승건

———

서울대학교 치의학과를 졸업했다. 간편 송금 서비스 '토스'를 만든 비바리퍼블리카를 설립했으며, 현재 대표이사로 재직 중이다. 한국핀테크산업협회 초대 회장을 역임한 바 있으며, 2018년 국내 핀테크 산업 발전에 기여한 공로를 인정받아 대통령 표창을 수상했다.

금융과 IT의 융합, 핀테크FinTech가 가져온 '금융혁명'이 나날이 가속화되고 있다. 세계 곳곳에 진지를 마련하고 가파른 성장세를 보이는 핀테크 기업들은 어떻게 소비자들의 마음을 사로잡았을까? 대출, 결제, 송금, 자산관리 등의 영역에서 기존 은행이나 금융사가 제공하지 않던 서비스들을 내놓으며 시장을 공략하고 있는 핀테크 기업들의 세계를 들여다보면 금융의 미래를 엿볼 수 있다.

핀테크 업체 중 가장 널리 알려진 곳은 중국의 알리페이Alipay, 支付宝일 것이다. 알리페이 신용도가 높은 사람은 비행기 표를 싸게 예약할 수 있을 정도다. 신용평가 기준이 없는 사회이다보니 알리페이 데이터의 가치가 크고, 알리페이의 신용평가에 따라 중국의 모든 산업이 같이 움직인다. 하지만 한국이 따라야 할 모델은 중국보다는 미국

전통시장에서도 활발히 사용되고 있는 중국의 전자결제 플랫폼 알리페이

이나 유럽 쪽에 가깝다. 미국이나 유럽 시장에서는 금융이 충분히 고도화하여 세밀한 맞춤형 서비스가 발달하고 있다.

신용평가 플랫폼에서 로봇 자산관리 서비스까지

그 대표적인 서비스 몇 가지를 살펴보자. 먼저 미국의 대표적 핀테크 기업 크레딧 카르마Credit Karma는 기업 가치가 이미 4조 원을 넘어섰으며, 회원 8000만 명을 보유하고 있다. 크레딧 카르마는 무료 신용등급 조회 서비스를 제공하고 신용도 개선을 도와주는 플랫폼이다. 사용자의 금융 데이터를 바탕으로 신용등급을 관리하는 데 도움이 되는 금융 상품을 추천해주는데, 실제로 대출이나 신용카드 계약으로 이어지는 비율이 높다. 은행과 고객 사이에서 일종의 브로커 역할을 하는 사업 모델인 것이다. 스웨덴의 지불·결제 서비스 기업 클라나Klarna는 현재 유럽 전자상거래 시장의 15퍼센트를 장악하고 있다. 클라나를 이용하면 물건을 구매할 때 대출을 이용할지 아니면 등록한 계좌에서 바로 돈을 인출할지를 선택할 수 있다. 후불제 신용결제 시스템인 셈이다. 고객이 대출을 선택하면 승인과 동시에 물건 가격이 결제된다. 대신 클라나는 고객에게 대출이자를 받는다. 인터넷 쇼핑몰과 제휴해서 물건이 배송되는 주소, 물건 가격, 회원 정보로 신용도를 평가한다.

스탠퍼드 대학원생들이 2011년 설립한 소파이SoFi는 학자금 대출 업체로, 손정의 회장이 1조 원을 투자해서 화제가 되기도 했다. 소파이는 학생이 듣는 수업과 성적, 담당교수를 확인한다. 그리고 비슷한 수업을 듣고 비슷한 성적을 받은 학생들이 졸업해서 얼마나 안정적인 직장에 취업했는지를 바탕으로 신용도를 평가한다. 대학생은 신용도를 평가할 데이터가 많지 않기 때문이다. 사실상 '부도'의 위험이 적은 아이비리그 대학생들이 주 고객이다. 이들은 당장은 돈이 없지만 졸업하면 돈을 잘 벌 가능성이 높은 사람들이다. 소파이 입장에서는 학자금 대출로 큰 이윤을 남기는 것보다 미래의 우수고객을 튼튼하게 붙들고 있는 게 더 중요하다. 소파이에서 학자금 대출을 받은 사람들은 졸업 후 자동차나 집을 살 때도 소파이에서 신용대출을 받을 가능성이 높다. 소파이는 소수 고객만을 대상으로 자주 배타적인 네트워크 파티를 개최한다. 고객들은 이 파티에 초대받아 인맥을 쌓기 위해서라도 연체를 하지 않으려고 애쓰게 된다.

미국의 온라인 투자 자문회사 웰스프론트Wealthfront는 로봇이 자산관리를 대신해주는 '로보어드바이저' 서비스를 내놓았다. 이 로보어드바이저의 수익률은 놀랍게도 시장의 평균적인 수익률을 약간 상회한다. 은행은 소수의 고액 자산가 위주로 담당 직원을 배정하지만 웰스프론트는 로봇을 사용해 사실상 무한대로 고객을 받을 수 있다.

한국 핀테크 산업의 현주소

한국의 핀테크 상황은 어떨까? 분야별로 살펴보자. 첫 번째로 크라우드 펀딩은 자본시장법에 편입되면서 이제는 금융기관처럼 정부의 규제를 받는다. 현재 와디즈Wadiz 등의 업체가 꾸준히 성장하고 있지만 주로 콘텐츠(영화, 기술기업) 투자에 집중돼 있는 점도 한계다. 크라우드 펀딩의 본질은 기획-개발-마케팅의 순서로 제품을 생산하는 것이 아니라 마케팅부터 역으로 시작하여 생산 비용을 획기적으로 줄여주는 것, 즉 제조업의 프로세스를 뒤집는 것인데 한국은 아직 이 단계에 도달하지 못했다.

두 번째 P2P 대출(금융사를 거치지 않고 온라인 플랫폼에서 개인끼리 자금을 빌려주고 돌려받는 서비스) 시장에 관해서는 아쉬운 감이 있다. 보통 서비스를 개시하고 사용자 수가 약 20만 명 이상이 되면 규제가 상품을 따라오기 마련인데, P2P 대출은 이용자가 소수인 상황에서 규제부터 생겨났다. 한 명의 투자자가 하나의 P2P 대출업체에 투자할 수 있는 금액을 1000만 원으로 제한한다는 조항이 걸림돌이 되고 있다. 한 업체에 1000만 원을 투자한 사람은 다시는 그 업체에 투자할 수 없는 것이다. 또다른 독소조항은 '선대출 금지'다. P2P 대출은 어느 시점에 이르면 투자자를 더 이상 모으지 못하고 대출자만 쌓이는 상황을 맞게 된다. 이럴 때 대출채권을 증권화해서 시장에 팔아 돈을 마련해야 하는데 선대출이 불가능한 것이 문제가 되고 있다.

P2P 대출만의 차별적이고 혁신적인 신용평가 기준이 없는 것도 약점이다. 리스크를 완화할 수단이 부족하니 부도율은 높고 수익성은 떨어질 수밖에 없다. 기술혁신이 필요한 상황이나 기술력이 있는 사람들은 데이터를 구할 수 없고, 데이터를 공급할 역량이 있는 사람들은 굳이 경쟁에 뛰어들 필요를 느끼지 못한다. 즉 신용평가 기술의 진보가 정체된 상태인 것이다.

세 번째로 비트코인과 블록체인의 경우, 기술 자체가 가지고 있는 혁신성은 어마어마하지만 금융 거래에 사용하기에는 아직 한계가 있다고 본다. 예를 들면 블록체인은 분산돼야 하기 때문에 1초당 트랜잭션(거래 처리)을 3건 이상 할 수 없다. 비트코인의 법적 지위를 둘러싼 유관기관의 해석도 제각각이다. 일본에서는 비트코인을 '암호화 화폐'라는 이름으로 이미 법제화했다. 은행들이 먼저 비트

코인 거래소 사업에 뛰어들기 위해 정부를 압박했기 때문이다. 국내에서는 2016년 11월을 기점으로 선물옵션 투자자에 대한 규제가 강해지면서 비트코인이 그 대안으로 주목받았다. 비트코인 시장에 돈이 몰리면서 시장이 엄청난 변동을 겪고 있다.

네 번째로 해외송금 분야는 2017년부터 규제 문턱이 낮아지면서 은행이 아니더라도 해외송금 업무를 할 수 있게 됐다. 시장 규모는 연매출 5000억 원 정도로 굉장히 작다.

다섯 번째, 지급·결제 분야는 UX User Experience 디자인을 개선해서 이용자를 모으는 데 집중하고 있다. 토스 역시 처음에는 알리페이 모델을 따라서 결제 서비스를 먼저 시작하려고 했으나, 중국과 한국의 시장 상황이 너무나 달랐다. 당시 중국은 전체 전자상거래 트래픽의 75퍼센트 이상이 알리페이를 거쳤지만 한국은 네이버를 제외하면 어디에도 독점적인 사업체가 존재하지 않아 결제 서비스만으로는 사용자를 모으기 쉽지 않았다. 그래서 '캡티브 마켓 Captive Market(계열사 내부 시장)'이 없어도 사용자만 모으면 되는 송금 쪽으로 전략을 바꿨다. 토스는 모든 은행 사용자가 쓸 수 있다. 카카오뱅크나 케이뱅크처럼 기존 은행의 고객들을 끌어와야 하는 사업 모델과는 전혀 다른 방식이다.

여섯 번째로 금융·IT 분야에서는 전통적인 SI System Integration(시스템 구축) 업체들이 금융권의 오픈 API Open Application Program Interface(데이터를 공개하여 외부 사용자와 공유하는 프로그램) 플랫폼 작업에 뛰어들고 있다. 보안 분야에서는 새로운 데이터를 활용하려는 움직임이 뚜렷한데, 특히 많이 사용되는 것이 행동 데이터다. 똑같이 '1234'를 입력하더라도 숫자를 누르는 타이밍, 템포, 리듬, 터치 지점 등 그 사람의 독특한 행동 양식을 뽑아낸다. 다른 사람에게 암호를 알려주고 입력하라고 해도 행동 패턴이 다르기 때문에 인증이 되지 않는다. 덴마크 최대의 은행인 단스크뱅크Danske Bank에서 고객 2만 명을 상대로 시범적으로 적용해본 결과 인식률은 99.7퍼센트였다. 지금은 250만 명 대상으로 확대 적용되었다.

일곱 번째, 자산관리 서비스는 아직 한국에서 걸음마 단계다. 아이디어는 있으나 아직 규모 있는 수준에는 이르지 못했다. 게다가 우리나라는 법적으로 대출 상품 비교가 불가능하므로 특정한 금융 상품을 추천하는 일도 어렵다. 대출 모집인이 가장 금리가 낮은 상품을 추천해주는 게 아니라 자기가 수수료를 가장 많이 받을 수 있는 상품을 추천하는 부작용이 생겨 금지되었다. 대출 및 신용카드 분야에서 여러 은행을 비교한 데이터를 제공하면 불법이 된다. 앞으로 온라인에서만이라도 비교가 가능하게 하자는 움직임이 있다.

규제가 문제? 진짜 문제는 '사람'

규제의 필요성은 인정하지만 어떤 나무로 클지도 모르는 새싹 단계부터 규제의 강도를 높이면 생장에 방해가 된다. 법적으로 하면 안 되는 것만 명시하고 나머지는 자유롭게 해주는 '네거티브 규제'가 필요하다. 앞서 한국 핀테크 산업의 분야별 현황을 살펴보면서 언급한 것처럼 금융 상품의 온라인 판매나 상품 추천을 둘러싼 법률 문제 등이 산적해 있다. 정부는 돈을 주는 방식으로 정책적인 지원을 하려고 하지만 기업에 더 도움이 되는 것은 규제를 푸는 쪽이다.

하지만 규제가 핀테크 산업 발전에 있어 가장 큰 걸림돌은 아니라는 것이 개인적인 생각이다. 규제로 인한 어려움이 있는 것은 사실이지만, 시장에 역동성이 필요하다는 것을 결정권자가 납득하도록 만들고 분위기를 바꾸는 일은 사실 의지 있는 기업가라면 충분히 해낼 수 있다. 금융위원회나 금융감독원에도 합리적인 생각을 가진 인재들이 모여 있기 때문에 설득하면 얼마든지 바뀔 수 있다. 문제의 본질은 규제가 심하다는 것이라기보다 그 규제를 풀어낼 의지와 관심이 있는 기업가가 부족하다는 점이라고 생각한다.

한국 핀테크 산업의 가장 큰 문제는 '사람'이다. IT와 금융을 두루 이해하고 있는 인재가 부족하다. 금융 종사자의 경우 IT를 이해하기에는 장벽이 있고, IT 종사자는 아직 초기 산업인 핀테크 쪽으로 굳이 이직할 이유가 없다. 일반 인터넷 기업과 핀테크 기업의 업무는 다르다. 금융위원회와 금융감독원이 어떤 조직인지, 카드사와 은행과 증권사와 보험사와 언론과 보안회사가 어떻게 움직이는지 모두 이해하고 있는 인재를 찾는 일이 쉽지 않다.

소프트웨어가 은행을 집어삼킨다

——

핀테크 열풍이 불기 시작한 건 왜일까? 전설적인 소프트웨어 개발자이자 벤처 투자가인 마크 앤드리슨Marc Andreessen은 2011년에 "소프트웨어가 세상을 집어삼키고 있다software is eating the world"라고 말했다. 이제 어떤 산업 분야든 소프트웨어를 도입한 기업과 그렇지 않은 기업은 생산성이나 부가가치 창출 측면에서 크게 차이가 난다는 이야기였다.

실제로 각 분야의 온라인 마켓과 오프라인 마켓의 비중을 보면 새로운 온라인 서비스가 기존 오프라인 마켓을 상당 부분 대체했음을 확인할 수 있다. 미디어 분야도 마찬가지다. 요즘 젊은이들은 거의 모든 영상을 유튜브·넷플릭스 등에서 찾아본다. 그런데 금융 분야만은 정반대다. 금융 서비스 시장은 페이스북·구글이 있는 IT 시장에 비해 전체 시장 규모는 3배 크지만 온라인 매출 비중은 10퍼센트도 안 된다. 대부분의 매출이 오프라인에서 나오는 것이다.

한국도 비슷한 상황이다. 소비자가 은행 서비스를 경험하는 채널 가운데 40퍼센트는 CD 및 ATM 기기, 35퍼센트는 인터넷뱅킹이다. 고객 대부분이 은행의 온라인 서비스를 이용하는데, 수익은 대부분 오프라인 영업점에서 발생한다. 온라인·디지털 금융에 큰 잠재력이 있다는 의미이다. IT 기업이 눈독을 들이지 않을 수 없다.

인터넷과 같은 비대면 채널에서 금융 산업의 성장 가능성이 얼마나 큰지 시사하는 좋은 예로, 알리바바 그룹Alibaba Group, 阿里巴巴集团이 운용하는 위어바오余額寶를 들 수 있다. 머니마켓펀드MMF 상품인 위어바오는 출시 9개월 만에 92조 원을 모았다. 글로벌 MMF 시장에서 가장 유명한 자산관리사인 뱅가드프라임Vanguard Prime이 130조 원을 모으는데 30년이 걸린 것과 비교하면 온라인 금융 시장의 잠재력을 실감할 수 있다.

은행은 그동안 오프라인 지점에서 상품을 어떻게 더 잘 팔지를 연구해왔다. 본사에서 비대면 채널을 담당하는 부서는 은행 전체로 보면 힘이 없는 부서다. 은행은 기본적으로 소프트웨어 그룹이 아니기 때문이다. 그러나 소프트웨어가 빠르게 세상을 집어삼키고 있기 때문에 이제는 은행도 소프트웨어 기술을 이용해 기존에 없었던, 불가능했던 모델을 만들어내고 부가가치를 창출해야 한다. 핀테크는 트렌드다. 사람들은 이제 금융거래를 하러 오프라인 지점을 찾지 않는다. 미래에는 은행도 궁극적으로는 소프트웨어 기업으로 변모해야 한다.

트래픽과 데이터가 핵심 자원이다

핀테크 기업은 근본적으로 은행과는 전혀 다른 시대정신을 표상하고 있다. 예컨대 토스의 수익모델에 관한 질문을 자주 받는데, 사실 토스는 무료송금 서비스가 성장할 때마다 은행에 큰 비용의 수수료를 정산하고 있다. 만약 시중 은행이라면 절대 이런 서비스를 시작할 수 없었을 것이다. 직원이 아이디어를 내자마자 "송금 수수료를 어떻게 감당할 거야? 비즈니스 모델이 뭐야?"라는 질문부터 받았으리라. 그런데 토스와 같은 핀테크 기업은 '트래픽이 핵심 자원이다'라는 믿음을 가지고 짧은 시간 내에 성장을 가져올 수 있는 혁신적 아이디어에 집중한다. 핀테크 기업은 모바일을 기반으로 탄생했기 때문에 단기간의 폭발적인 성장이 가능하다. 우리가 기존 은행 앱을 쓰는 이유는 오프라인 지점에 그 은행의 계좌가 있기 때문이다. 하지만 처음부터 모바일 환경에 최적화된 핀테크 앱은 누구나 사용할 수 있어 바이럴 마케팅에 더욱 적합하다. 애플의 iOS 앱스토어 같은 글로벌 규모의 유통 채널에서는 창립한 지 10년도 되지 않은 핀테크 기업의 앱이 100년 이상 전통을 지닌 은행 앱의 다운로드 순위를 따라잡는 일이 얼마든지 벌어질 수 있다.

또한 일반 대중을 대상으로 하는 시중 은행과 달리 핀테크 업체는 주로 밀레니얼 세대Millennial Generation만을 타깃으로 삼고 있다. 이들은 통장 개설 같은 오프라인 은행 거래의 필요성을 크게 느끼지 못한다. 온라인 금융 서비스가 편하고 안전하다는 것을 경험하고 나면 새로운 서비스일지라도 흔쾌히 이용한다. 토스도 이와 같은 발상에서 출발했다. 낯선 금융 서비스여서 처음에는 신뢰도를 확보하기 어려우나, 대신 그렇게 진입한 고객의 충성도는 크다. '송금 서비스를 써봤더니 너무 편했어!'라는 사용자 경험을 확보하고 여기서 얻어

모바일 종합 금융 서비스 토스

지는 데이터를 바탕으로 결제·대출·환전·해외송금·신용평가 등 다양
한 금융 서비스를 제공하는 게 토스의 목표다. 기존 금융기관들의 다
양한 금융 상품들을 중개하여 소비자를 위한 새로운 부가가치를 만
들어냄으로써 수익을 창출하는 것이다.

빅데이터 및 분석 엔진의 발달에 힘입어, 차별화된 금융 정보를 확
보하게 된 것도 핀테크 기업이 지닌 강점이다. 토스 역시 기존 신용
평가사들에게는 없는 금융 정보를 보유하고 있다. 사용자의 잔고, 계
좌 거래내역, 신용등급, 신용 변동 내역 등의 정보로, 이러한 금융 정
보는 신용도와 꽤 높은 연관성을 지닌 것으로 판단되고 있다. 세금 납
부 내역, 카드 이용 내역(돈을 어디에 얼마나 쓰는지), 소득(월급)도 신용도

를 평가하는 중요한 데이터다. 결국 신용평가 엔진 개발은 데이터 싸움이다. 고객 동의만 얻으면 데이터 공유가 비교적 자유로운 미국과 달리 아직까지 한국은 개인정보 관련 규제가 많다는 점이 걸림돌이다.

다소 황당하게 느껴질지도 모르지만 미국의 비주얼DNA Visual DNA 라는 기업은 10문항의 설문조사만으로 신용평가를 하고 있다. 사용자의 취향, 성격, 현재 심리상태에 관한 일종의 '인적성 검사'다. 과연 실효성이 있을까 의심스러운데, 마스터카드가 2014년 하반기에만 실험적으로 도입해본 결과 디폴트 리스크가 23퍼센트포인트 줄었다고 한다. 이렇게 다양한 신용평가 엔진이 개발된다면 기존에는 신용거래 내역이 없어서 대출이 불가능했던 대학생·외국인 등 새로운 고객층이 생길 수 있다.

핀테크, 더 좁고 낮은 곳으로

핀테크 기업이 쏟아져 나오기 시작한 것은 리먼브라더스 사태 이후다. 2014년 미국인들이 가장 싫어하는 브랜드를 조사했더니 1~10위 가운데 네 개가 금융기관이었을 정도로 소비자의 신뢰도가 바닥을 친 상태였다. 애플이나 구글이 은행 서비스를 한다면 옮길 의향이 있다는 답변이 70퍼센트 이상이라는 설문조사 결과까지 발표될 정도였다. 핀테크 기업들은 이때 고객친화적인 서비스를 제공하면서 두각을 나타냈다. 기존 은행의 여러 가지 금융 서비스를 여러 핀테크 기업이 하나씩 나눠 가져가서 더 저렴한 비용으로, 더 양질의 서비스를 제공하고 있다. 한국 상황도 마찬가지다. 송금 경험을 혁신한 토스를 비롯하여 다양한 핀테크 업체가 등장하며 기존 금융 시장에서 찾아볼 수 없었던 새로운 기회가 열리고 있다. 핀테크 기업들은 은행 대출 문턱을 넘지 못한 사람들을 새로운 고객으로 끌어들임으로써 기존 은행이 진출하기에는 너무 작았던 틈새시장을 메워 나가고 있다.

이는 핀테크 기업이 당장 은행의 자리를 대체한다는 의미는 아니다. 실제 사례를 살펴보더라도 은행과 핀테크 기업은 직접 경쟁하는 관계가 아니다. 오히려 제휴를 맺거나 투자 및 인수를 통해 협력하는 방향으로 가고 있다. 미국 상위 6개 은행은 30개 이상의 핀테크 기업에 전략적으로 투자하고 있다. 바클레이즈Barclays 은행은 아예 건물을 통째로 빌려서 협력할 핀테크 업체를 입주시키고 하루 두 번씩 부행장급 이사들이 찾아가 대화하는 것을 정례화했다. 씨티은행은 P2P 금융사 렌딩클럽Lending Club의 투자자로 나섰고, 토스와 유사한 송금 서비스인 벤모Venmo의 모든 트랜잭션은 웰스파고 Wells Fargo 은행에서 전담한다. 핀테크 기업은 금융기관 없이는 성공할 수 없다. 고객이 "난 은행 안 쓰고 토스만 쓰는데, 월급도 토스로 받고 싶다"라고 생각한다면 시장 지형이 바뀔 수 있겠지만 아직까지 그런 단계는 아니다. 가까운 미래에 은행은 일반적인 수준에서 신용을 관리하는 기능에 주력하고, 핀테크 기업은 자영업자 대출 및 학자금 대출 등 특화된 영역에 집중하며 함께 공존하는 생태계가 만들어질 것으로 보인다.

12

공유경제

소유보다 경험을 원하는
소비자들의 세계

이상현
前 에어비앤비 정책총괄 대표 現 구글 아시아 태평양 코어 프로덕트 총괄

"우리 집 침대를 빌려드립니다." 숙박공유 플랫폼 에어비앤비는 세계적 호텔 체인
인 힐튼을 추월할 규모로 성장했다. 소유 대신 공유를, 그리고 경험을 선택하는 새
로운 소비자들의 등장에 주목하는 공유경제 플랫폼들의 현재와 미래를 만나보자.

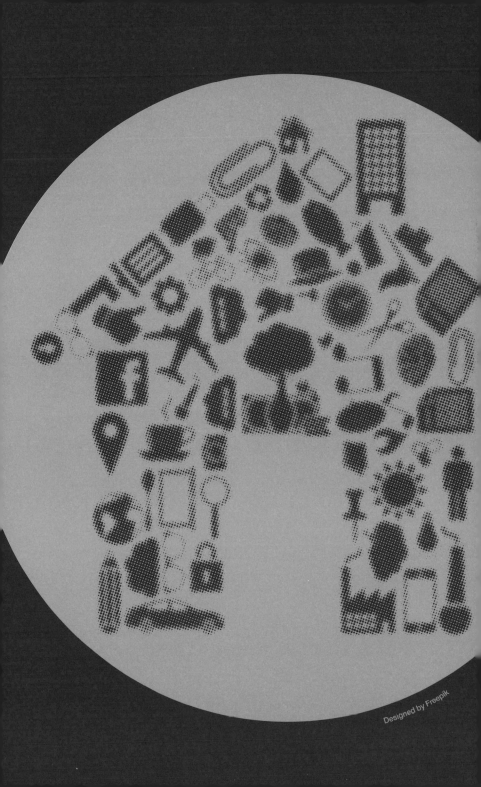

이상현

미국 에머리대학교Emory University 경제학과를 졸업하고, 매사추세츠 공과대학교MIT Sloan School에서 경영학 석사 학위MBA를, 하버드대학교 케네디스쿨Harvard University Kennedy School에서 공공행정학 석사 학위MPA를 취득했다. 미국 스테이트 스트리트 글로벌 어드바이저스SSGA와 구글을 거쳐 2015년부터 에어비앤비 정책총괄 대표를 역임하였으며 한양대학교 국제학부와 중앙대학교 산업·창업경영대학원 겸임 교수를 지냈다. 2019년 7월부터 구글 아시아 태평양 코어 프로덕트 총괄(Head of Core Products, APAC)을 맡고 있다.

공유경제가 지역 사회에 가져오는 경제적 이익과 플랫폼을 통한 민주적인 여행을 널리 알린 공로로, 아시아 소사이어티Asia Society로부터 아시아 21 영 리더Asia 21 Young Leader로 선정된 바 있으며, 정부 3.0 추진에 기여한 공을 인정받아 국무총리표창을 수상했다.

"당신은 에어비앤비Airbnb를 이용해본 적이 있습니까?" 강연을 갈 때마다 청중에게 늘 던지는 질문인데, 기업 강연에서는 절반 정도 손을 드는 반면 대학 강연에서는 대부분이 손을 든다. 에어비앤비는 간단히 말해 자신의 집을 빌려주거나 다른 사람의 집을 빌릴 수 있는 플랫폼 서비스다. 지금은 글로벌 공유숙박 기업이지만 처음에는 샌프란시스코의 한 작은 아파트에서 시작했다. 에어비앤비 공동 창업자 3인 중 브라이언 체스키Brian Chesky와 조 게비아Joe Gebbia는 같은 대학에서 산업디자인을 전공한 친구 사이였다.

둘은 샌프란시스코에서 아파트를 빌려 함께 살면서 일자리를 찾고 있었는데, 2008년 세계금융위기 사태가 터지면서 취업문이 막히게 됐다. 설상가상으로 집주인이 월세를 올려달라고 하자 궁여지책으로 거실에 있는 공기 주입식 침대Airbed를 나누어 써보면 어떨까 생각했다. '샌프란시스코에 방문하는 친구나 친척들이 우리 집에 와서 잠만 자고 가듯이, 누군가에게 돈을 받고 집을 빌려주면 어떨까?' 흔히 캠핑 갈 때 사용하는 공기 주입식 침대를 제공하고 여기에 간단한 아침식사를 서비스하는 것으로 차별성을 더하자는 아이디어가 합해져서 'Air Bed & Breakfast', 에어비앤비라는 이름이 탄생했다.

"우리 집 침대를 빌려드립니다"

마침 운이 따랐는지, 얼마 후 샌프란시스코에서는 국제 디자인 컨퍼런스가 열릴 예정이었고, 인기 높은 컨퍼런스 덕에 주변의 호텔은 이미 예약이 꽉 찬 상태였다.

체스키와 게비아는 디자인 관련 인사들에게 이메일을 보냈고, 이메일을 받은 이들은 자신의 블로그에 에어비앤비에 대한 이야기를 올렸다. 언뜻 들으면 황당한 아이디어이고 실제로 많은 사람들이 터무니없다며 무시했지만, 소문을 듣고 실제로 찾아온 손님이 셋 있었다. 미국 동부 보스턴에 사는 캣과, 유타에서 온 다섯 아이의 아빠인 마이클, 그리고 인도 출신의 수르베였다.

처음 브라이언 체스키와 조 게비아는 히피 스타일의 배낭여행자들이 고객으로 찾아오리라 예생했지만, 이 셋은 그와는 거리가 멀었다. 이들은 금전적인 제약으로 인해 공유숙박을 꼭 이용해야 했던 이

숙박공유 플랫폼 에어비앤비

들이었다. 캣과 수르베는 방을 함께 썼고, 마이클은 주방을 선택했다. 브라이언은 손님들을 금문교로 데려가고, 함께 멕시코 식당에서 식사도 했다. 세 여행자는 낯선 손님으로 왔다가 친구가 되어 떠났다.

손님들은 "불편했지만 샌프란시스코에 또 온다면 여기에 묵고 싶다"고 입을 모아 말했다. 호스트(집을 빌려주는 사람들)와 친해진 덕분에 샌프란시스코에 사는 사람들이 즐겨 찾는 카페, 시장, 음식점에 가볼 수 있었기 때문이다. 수르베는 여행을 마치고 고국 인도로 돌아가 자신의 결혼식에 호스트를 초대하기도 했다. 호평에 자신감을 얻어 이들은 2007년, 사람들이 자신의 집을 빌려주거나 숙박할 곳을 찾을 수 있는 작은 플랫폼을 만들었다. 이후 2010년에 와이콤비네이터 Y-Combinator라는 액셀러레이터(스타트업 육성 프로그램)에 들어가 투자를 유치한 뒤부터 에어비앤비는 급격한 성장을 이루었다.

전 세계적으로 에어비앤비의 연간 이용자 수는 2013년 600만 명, 2014년 1600만 명, 2015년 4000만 명으로 매년 두 배 이상 증가하고 있으며, 누적 사용자 수도 2019년 기준 5억 명을 넘겼다. 한국의 경우 한 해에 에어비앤비를 이용하는 사람이 약 300만 명이며, 그중 절반가량이 외국인 관광객이다.

통계를 살펴보면 한 가지 재미있는 사실을 발견할 수 있다. 2017년을 기준으로 한 해 동안 한국을 방문한 외국인 관광객 1750만 명의 출신국을 조사한 결과, 이들 중 47퍼센트가 중국, 13퍼센트가 일본으로 인접국에서 온 관광객이 다수를 차지하는 것으로 나타났다. 그러나 에어비앤비를 이용한 외국인 관광객 51만 명을 조사한 결과는 사뭇 다르다. 중국(20퍼센트)이 여전히 큰 비중을 차지하나, 미국(16퍼센트), 싱가포르(14퍼센트), 홍콩(10퍼센트) 등 비교적 다양한 국적의 사람들이 에어비앤비를 이용한 것으로 나타났다. 한류 드라마를 보고 한국 가정집에서 지내보고 싶어서 일부러 에어비앤비를 이용하는 사람의 비율이 상대적으로 높기 때문으로 파악된다.

주차장부터 요리 한 접시까지, 모든 것을 공유하는 시대

숙박 이외의 분야에서도 공유경제가 다양하게 실현되고 있다. 초등

학생 4학년과 1학년 아이들 둔 아빠로서, 나는 '레츠고'라는 레고 공유 사이트와 '아이북렌탈'이라는 아동용 전집 대여 서비스를 적극 이용하고 있다. 제주도 여행을 갔을 때는 '오쉐어'라는 사이트에서 등산화를 빌려 쓰기도 했다.

미국에는 튜로Turo, 프랑스와 독일에는 드리비Drivy, 네덜란드에는 스냅카SnapCar, 영국에는 이지카 클럽EasyCar Club, 뉴질랜드에는 유어드라이브Yourdrive라는 차량 공유 서비스가 있다. 예컨대 "나는 오늘 3시부터 7시까지 차를 쓰지 않으니 여기에 주차해놓겠다"라고 올려두면 누군가가 와서 그 차를 타고 간다. 차를 사용하지 않는 시간에 신분과 후기가 확실한 사람에게 빌려주고 돈을 받는 시스템이다. 반려동물을 맡아주거나 대학생끼리 과제를 같이 하는 사이트도 있고, 우리나라의 '모두의 주차장'처럼 자신이 안 쓰는 집·사무실의 주차장을 공유하는 서비스도 있다. 그뿐만이 아니다. 바르셀로나의 잇위드Eatwith, 뉴욕의 피스틀리Feastly, 파리의 비즈잇VizEat 등 소셜 다이닝 플랫폼을 통해 다른 사람이 요리한 현지 음식을 서로 모르는 사람들이 모여서 나눠 먹는 형태의 서비스도 있다.

사실 유휴 자원을 효과적으로 이용해서 사회 문제를 해결한다는 아이디어는 최근의 발상이 아니다. 그전에도 세상에 자연스럽게 존재하던 생활 방식이었다. 다만 2000년대 말부터 시작된 금융위기와 저성장이라는 경제 상황, 스마트폰과 무선인터넷이 보편화되는 등의 기술 발전, 그리고 SNS와 인터넷 쇼핑 등을 통해 정착된 인터넷 신뢰 문

뉴욕의 소셜 다이닝 플랫폼 피스틀리의 홈페이지

화까지 이 세 가지 조건이 결합하여 공유경제가 활성화되는 밑바탕을
이루었다.

소유보다 '경험'

에어비앤비는 매달 가파른 성장세를 보이고 있으며, 숙박 공유 서
비스의 미래에 대해서도 낙관적인 전망이 많이 나온다. 전 세계적
으로 소유보다는 경험에 큰 가치를 부여하는 밀레니얼 세대가 전면
에 등장하고 있기 때문이다. 이들은 여행을 할 때도 여행사가 기획

한 패키지 상품에 끌려다니는 대신 자신이 주도적으로 현지인의 삶을 체험하길 원한다. 모험적이고 비용도 합리적인 여행을 추구하는 밀레니얼 세대에게 에어비앤비는 현지인과 친밀하게 교류할 기회를 선사한다. 여행자들은 에어비앤비를 통해 기존의 호텔 숙박비보다 훨씬 저렴한 가격으로 여행자를 위한 시설이 없는 곳에서 머물 수 있고, 그곳에서 자신과 비슷한 또는 전혀 다른 생각을 하는 사람들과 연결될 수 있다.

사람들은 호텔에 머물 때는 방을 어질러둔 채로 체크아웃 하는 경우가 많지만, 에어비앤비 숙소에서는 그렇게 하지 않는다. 자신이 머물던 숙소를 떠날 때 신경 써서 청소를 한다는 이용자들이 많다. 누군가가 실제로 살고 있는, 그리고 나에게 빌려준 소중한 집이니 내 집처럼 사용하는 것이다. 그리고 에어비앤비에 남기는 사용자 후기는 일종의 선물 역할을 한다. 에어비앤비의 '쌍방 후기' 정책은 말 그대로 쌍방에 도움을 준다. 자신이 머물렀던 숙소에 대한 긍정적인 후기는 집주인에게 큰 도움이 되고, 자신의 집에 묵었던 손님에 대한 긍정적인 평가는 그 손님이 다른 집에 좀 더 쉽게 묵을 수 있게 해준다.

한국에도 수만 명의 에어비앤비 호스트가 있는데 이들은 보통 한 해에 30일 정도만 집을 빌려준다. 버는 돈도 연평균 300만 원가량으로 많지 않다. 동네 사람들끼리 재미로 벼룩시장을 열 듯이 대부분의 에어비앤비 호스트도 돈이 주목적이 아니다.

몇 해 전에 호스트들을 상대로 왜 에어비앤비에 집을 올렸는지 설문조사를 한 적이 있다. 응답 중에 가장 많이 쓰인 단어는 '다양한 사람' '친구' '새로운' '교류' '만남' 등이었다. 내가 만난 호스트 가운데 한 분은 한국어를 전혀 못하는 한국계 캐나다인 손님을 맞이하게 됐다. 처음엔 교포라고 생각했는데 이야기를 나누다보니 그가 어린 시절 입양되었고 친어머니를 찾기 위해 한국에 왔다는 사실을 알게 됐다. 호스트가 직접 홀트아동복지회에 수소문해 그의 친어머니를 찾아주었다. 이 호스트가 나중에 캐나다에 출장을 갈 일이 있었는데 그때의 게스트가 공항으로 차를 보내주는 등 엄청난 환대를 베풀어줬다고 한다. 에어비앤비를 사용하다 보면 이런 놀라운 일을 경험하게 될 수도 있다. 숙박 이상의 다양한 경험을 제공하는 것이 앞으로 에어비앤비가 가고자 하는 방향이다.

에어비앤비의 회사나 웹사이트 곳곳에는 회사 사명인 'Belong Anywhere(언제 어디서나 우리 집처럼)'이라는 문구가 쓰여 있는데, 이는 에어비앤비가 추구하는 핵심 목표다. 에어비앤비라는 플랫폼을 통해 누구든지 어디서든지 '우리 집'에 머무르는 것 같은 혁신적인 여행을 가능하게 만든다는 의미다. 어떤 이들은 이 말이 지나치게 감상적이거나 과장되었다고 생각할 수도 있겠다. 하지만 에어비앤비가 제공하는 경험은 우리가 디지털 시대에 살며 오히려 멀어지게 된 아날로그 시대의 인간적인 정과 유대감을 되찾아준다.

저가 항공사의 등장과 중국 경제의 성장도 에어비앤비의 전망을 밝게 한다. 여행 및 숙박 업계가 가장 주목하는 시장은 중국이다. 2015

년 기준으로 해외를 여행한 중국인은 1억 2000만 명 정도로 추산되는데, 오는 2025년에는 이 숫자가 2억 2000만 명까지 늘어날 것이라는 예측도 있다. 중국인 가운데 여권이 있는 사람은 2015년 기준으로 전체 인구의 4퍼센트에 지나지 않는다. 중국 관광객을 대상으로 하는 사업의 성장 잠재력이 엄청나게 크다는 의미다. 구글·페이스북 등 거대 글로벌 기업조차 중국에서는 정부 규제 때문에 성공을 거두지 못했지만, 에어비앤비의 중국 시장 성공 가능성은 그보다는 높을 것으로 전망된다. 관광객을 유치해 지역경제를 활성화하는 데 도움이 되는 비즈니스 모델이기 때문이다.

규제 대신 공존으로 풀자

우버나 구글 지도처럼 전 세계적으로 성공한 서비스가 유독 한국에서 정착하는 데 어려움을 겪는 경우가 있다. 새롭게 등장하는 서비스를 기존의 규제와 어떻게 조화시킬 것인가가 문제다. 맨 처음 가로등이 생겼을 때 많은 사람들이 가로등 때문에 눈이 부셔서 밤에 잠을 못 자거나 매일 파티가 열려 성가실 거라며 반대했다고 한다. 자동차가 처음 나올 때도 마차 사업자들의 반대가 극심했다. 자동차 속도가 너무 빨라서 사고가 발생하니 자동차도 마차 속도에 맞춰야 한다고 주장했다. 영국에서는 자동차가 도심에서 시속 3킬로미터 이상 낼 수 없으며, 또한 그 전방 50미터 앞에서 세 사람이 붉은 깃발

을 들고 걸어가면서 자동차가 오고 있음을 알려야 한다는 내용의 '붉은 깃발법'을 제정하기도 했다. IT 기술이 처음 소개될 때도 이와 비슷한 양상이 반복된다. MP3라는 포맷이 처음 나왔을 때는 CD가 없어도 된다는 점, 이 압축 알고리즘을 개발한 사람이 대학원생이라는 점이 언론의 주목을 받았다. 그러다 기존 음반 사업자들이 저작권 침해를 우려하는 단계가 찾아왔다. 하지만 음원 관련 산업이 성장하고 그 안에서 유튜브·애플뮤직 같은 비즈니스 모델이 자리잡고 나니 불법 다운로드에 대한 우려는 사그라들었다.

이처럼 공유경제와 같은 새로운 기술이나 패러다임이 생겨나고 적용될 때는 오해와 편견도 큰 걸림돌이 된다. 에어비앤비가 기존 숙박업 매출을 떨어뜨린다고 생각하는 이들도 있고, 또 어떤 이들은 에어비앤비 호스트들은 임대가 가능한 주택을 여러 채 보유한 부동산 업자들이라고 오해하는 경우도 있다. 에어비앤비 때문에 주택 공급이 어려워지고, 저렴한 주거지를 구하지 못하는 이들이 있다고 말하기도 한다. 하지만 이는 모두 편견일 뿐이다.

통계를 살펴보면 에어비앤비는 호텔 산업에 타격을 거의 주지 않으며 실제로 해외에서는 에어비앤비가 서머셋이나 프레이저 같은 호텔 체인과 협업을 하기도 한다. 호텔을 대체하기보다는 호텔이 들어설 수 없는 동네의 골목 상권을 활성화하는 것이 주로 에어비앤비가 하는 일이다. 에어비앤비를 향한 우려는 공유경제에 대한 인식이 높아지면서 서서히 해소될 것으로 보인다. 에어비앤비 호스트가 몇만 명인 한국과 달리 미국 등의 국가에서는 수십만 명의 호스트가 에어비앤비를 운영 중이다. 호스트들이 모여 국회의원을 찾아가 법 개정을 요구하기도 한다. 이러한 노력의 결과로 몇몇 도시에서 주거지의 단기 임대를 허용하는 새로운 법이 제정되기도 했다.

공유경제의 밑바탕은 신뢰

—

규제와 함께 에어비앤비가 성장하기 위해 반드시 풀어야 할 또 하나의 숙제는 신뢰도 확보다. 공유경제의 핵심은 신뢰다. 에어비앤비는 기본적으로 게스트와 호스트 사이의 쌍방향 후기 시스템으로 이 신뢰를 유지하고 있다. 좋은 후기를 많이 받은 이용자일수록 숙박 요청을 많이 받을 수 있고, 또 그 자신의 숙박 요청이 받아들여질 확률도 높다. 자연스럽게 호스트와 게스트 모두가 좋은 평가를 받기 위해서 노력하는 생태계가 형성된다.

물론 회사 차원에서도 다양한 방법을 강구하고 있다. 예를 들어 이제는 회원이 가입할 때 업로드한 여권 사진과 SNS 계정이 진짜인지 확인한다. 검색과 메시지 발송 그리고 대금 지불이 모두 매끄럽게 이루어지도록 설계되었고, 신뢰도를 높이기 위한 여러 도구가 구축되어 있으며 이는 지속적으로 발전해나가고 있다.

호스트와 게스트 사이의 분쟁 중재 센터가 마련된 것과 더불어 피해 발생시 10억 원까지 배상해주는 보험에도 가입되어 있다. 몇 해 전에는 호스트가 흑인 게스트에게 인종차별적인 욕설 메시지를 보내는 사건이 있어서 해당 호스트를 영구 제명하기도 했다. 이렇게 불미스러운 사건이 생길 때마다 안전장치를 더욱 강화해가는 노력 덕분에 에어비앤비에서 발생하는 사건·사고는 매우 경미한 수준이다. 리우 올림픽이 열리던 3주 동안 브라질에서 8만 명이 에어비앤비를 이용했는데 사고 접수는 한 건도 없었다고 한다. 한편 2012년 허리케인 '샌디'가 미국을 덮쳤을 때는 1500명이 넘는 사람들이 자기 집을 에어비앤비에 무료로 올려놓았다. 이 사례에서 보듯 '신뢰 시스템'이 갖춰진다면 공유경제가 모두의 삶을 더욱 가치 있게 만들 수 있으리라고 기대한다.

뉴욕대학교 교수이자 《4차 산업혁명 시대의 공유경제》의 저자인 아룬 순다라라잔Arun Sundararajan은 "공유경제의 특징 중 하나는 아이디어 자체에는 별로 새로울 것이 없다는 사실이다"라고 했다. 그렇다. 공유경제는 전혀 새로운 것이 아니라는 관점에서 바라볼 필요가 있다. 우리는 친구나 가족에게 집을 내주기도 하고, 공항으로 지인을 마중나가기도 하고, 친구를 초대해 집에서 식사를 대접하기도 하며, 아는 사람에게 창업 자금을 빌려주기도 한다. 이런 일은 호텔을 경영하거나 레스토랑을 운영하거나 전문 투자자가 되는 것과는 전혀 다른 사적인 영역의 일이다. 그래서 이러한 활동을 하는 이들을 규제하고 세금을 부과하거나 자격을 심사하지 않으며, 이들을 관리·감독하려고 하지도 않는다. 공유경제 플랫폼을 통한 거래가 이와 같은 사적인 영역에 있다면 이렇게 하는 것이 타당한 방향이 아닐까? 에어비앤비는 새로운 제품을 생산하지 않는다. 새로운 생활 양식을 만들어 낼 뿐이다.

13

—

스타트업

—

유니콘을 키우는
벤처 캐피털의 생태계

—

임정욱
스타트업얼라이언스 센터장

—

낮아진 창업 문턱과 이어지는 성공 사례에 힘입어 전 세계적으로 스타트업 열풍이
불고 있다. 산업 지형도를 바꿀 혁신 기업을 탄생시키는 저력은 어디에서 오는가?
스타트업의 성장 단계에 따른 적절한 투자와 코칭이 이루어지는 실리콘밸리의 스
타트업 생태계를 만나본다.

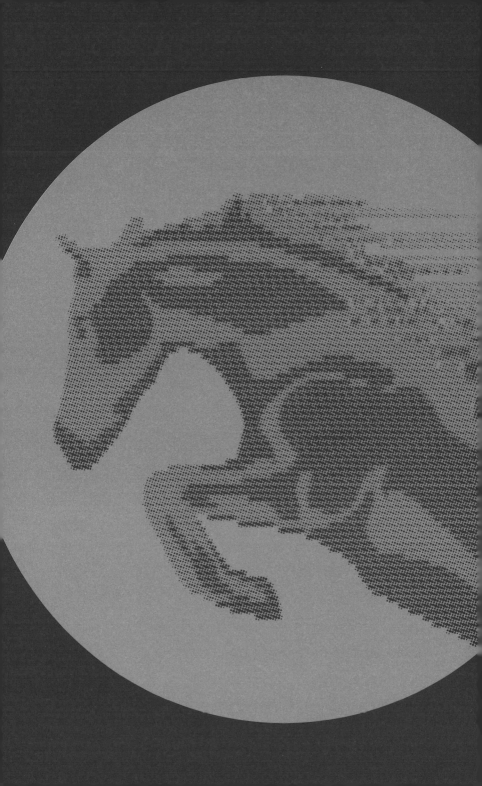

임정욱

한국의 스타트업 생태계를 활성화하는 미션을 가진 스타트업얼라이언스의 센터장이다. 한국외국어대학교 경영학과를 졸업하고 UC버클리에서 MBA 학위를 취득했다. 조선일보 IT 담당 기자로 커리어를 시작해 조선일보JNS 대표, 다음커뮤니케이션 본부장, 미국 라이코스 CEO로 한국·일본·미국을 오가며 일했다. 실리콘밸리를 비롯해 전 세계의 스타트업 생태계를 가까이서 관찰해왔다.

'캄브리안 모먼트A Cambrian Moment.' 지난 2014년 1월, 영국의 시사주 간지 〈이코노미스트〉의 커버스토리를 장식한 제목이었다. 고생대 캄 브리아기에 다양한 생명체들이 폭발적으로 급증했던 것처럼 스타 트업 대폭발 현상이 전 세계적으로 일어나고 있다는 것을 비유적으 로 나타낸 제목이었다. 스타트업 업계가 뜨거워지고 있다는 점을 실 감하게 된 첫 계기였다. 〈이코노미스트〉의 기사처럼 2014년을 기점 으로 전 세계에 스타트업 창업과 투자가 폭발적으로 늘어나기 시작했 다. 그 후 스타트업에 몰린 투자금액은 매년 기록을 경신하고 있다. 스 타트업 붐을 이해하려면 가장 기본적인 질문부터 던져야 한다. 스타 트업이란 무엇인가? 기존의 벤처 기업과는 무엇이 다른가?

스타트업, 하키스틱형 성장을 추구하는 조직

쉽게 이야기하면 스타트업이란 '하키스틱형 성장' 또는 '제이커브J-curve 성장'을 추구하는 조직, 즉 어떤 변곡점을 넘으면 매출이나 고객이 급속도로 늘어나는 고성장 기업을 말한다. 스타트업에 대한 다양한 정의 가운데 《린 스타트업The Lean Startup》의 저자 에릭 리스Eric Ries가 한 말을 참고할 만하다. "창업한 지 얼마 되지 않았고 대규모 자금을 조달받기 전 상태이지만 아이디어와 기술을 통해 급격한 성장을 기대할 수 있는 기업." 여기서 '급격한 성장'이라는 표현이 스타트업을 정의하는 핵심이다. 스티브 블랭크Steve Blank 버클리대 교수는 스타트업을 "'반복적이며 확장성이 있는repeatable and scalable' 비즈니스 모델을 추구하는 회사"로 정의했다. 스타트업의 특성을 날카롭게 포착한 통찰력 있는 설명이다. 이런 기준이라면 아무리 수익성이 있어도 노동집약적이라 선형적인 성장만 가능한 식당이나 커피숍, 컨설팅 회사 등은 스타트업이라고 하기 어렵다.

가장 강력한 스타트업의 사례는 구글일 것이다. 1998년 설립된 구글은 '페이지랭크'라는 알고리즘에 의거해 성능을 획기적으로 높인 검색엔진을 개발했다. 전 세계적으로 사람들의 검색은 '반복적'으로 일어나고, 뉴스·이미지·지도 등 검색 영역을 넓힐 수 있으므로 '확장성'도 갖췄다. 검색량이 늘어나면서 구글은 반복적으로 검색되는 키워드에 맞춰 광고를 보여주는 '애드워즈Adwords'라는 비즈니스 상품을 개발했다. 반복성 및 확장성도 갖췄다. 비즈니스 모델을 개발해낸 것이다. 그리고 검색 서비스가 여러 언어로 확장되면서 거대한 글로벌 소프트웨어 플랫폼이 만들어졌다. 직원들이 잠든 사이에도 전 세계 네티즌들이 검색 서비스를 계속 이용하면 돈은 알아서 벌리게 된 것이다. 이런 스타트업 회사들에는 투자자들이 자금 대여가 아니라 지분을 투자하는 방식으로 같이 위험을 분담하고 성공하면 수배, 많게는 수백 배의 투자금을 회수한다.

닷컴 버블의 악몽

이런 스타트업 열풍을 보면서 많은 이들이 1999년과 2000년대 초반의 닷컴 버블을 떠올린다. 그때 천정부지로 올랐던 닷컴 기업들의 주가가 한순간에 폭락했던 것처럼 지금 스타트업에 대한 관심과 붐도 금방 꺼져버리는 것 아닌가 하는 우려다. 하지만 그때와 지금은 많은 차이가 있다. 일단 창업에 드는 비용이 2000년대 초의 10분의 1 수준으로 낮아졌다. 이제는 누구든 컴퓨터 한 대만 있으면 뭔가를 쉽게 만들어낼 수 있다. 오픈소스 소프트웨어, 클라우드 서비스, 앱스토어, SNS 등의 등장으로 소프트웨어의 개발·유통·홍보 단계에 들어가는 비용이 획기적으로 줄어들었다. 하드웨어 개발자들도 킥스타터 같은 크라우드 펀딩 플랫폼을 활용하여, 투자를 받지 않고도 제품 제작을 위한 초기 자금과 사전 고객을 확보할 수 있게 됐다. 유튜브를 타고 〈강남스타일〉이 전혀 예상하지 못한 글로벌 히트곡이 된 것처럼 1인 개발자도 좋은 모바일 앱을 만들어낸다면 전 세계적으로 성공을 거둘 수 있는 토양이 조성되어 있다. 가장 대표적인 예가 카메라 앱 '레트리카'를 개발한 박상원 대표다. 박상원 대표가 1인 개발자로 활동하던 2012년에 만든 레트리카는 누적 3억 다운로드 수를 기록했다. 대한민국 인구의 6배가 넘는 수치다. 물론 나중에 회사를 성장시키기 위해서는 예전과 마찬가지로 상당한 자금이 필요하지만 창업 아이디어를 현실화하고 어느 정도 시장에서 테스트해보는 데는 예전보다 훨씬 적은 돈이 드는 세상이 된 것이다.

실리콘밸리, 세계 최고의 투자 생태계가 조성된 곳

이처럼 낮아진 창업 문턱과 이어지는 성공 사례에 힘입어 전 세계적으로 스타트업 열풍이 불고 있다. 스타트업의 고용 창출 효과에 주목해 중국, 프랑스, 인도 등 주요 국가는 물론 세계 거의 모든 국가의 정부는 경쟁적으로 스타트업 지원 사업을 벌여나가는 중이다. 나는 지난 몇 년간 아르헨티나, 세르비아, 노르웨이, 인도네시아, 싱가포르 등 많은 나라의 초청을 받아 다양한 창업 생태계를 살펴보았다. 모두 어떻게 하면 자국의 스타트업 생태계를 활성화할 수 있을까 고심하며 서로 곁눈질해 참고하기 바쁜 모습이었다. 최근에는 글로벌 기업들이 스타트업의 산실 실리콘밸리에 거점을 마련하느라 분주히 움직이고 있다. 특히 자동차업계는 혁신의 중심이 전기차 테크놀로지, 자율주행차 소프트웨어, 우버 같은 모빌리티 플랫폼으로 옮겨가 실리콘밸리에 투자 거점이나 R&D 거점을 마련하고 세력을 확장하기에 바쁘다. 토요타, GM, 포드 등도 마찬가지고 현대자동차도 기존 현대벤처스 투자조직을 현대크래들로 확대 개편하여 실리콘밸리 투자를 늘리고 있다.

실리콘밸리의 핵심 경쟁력은 세계 최고의 투자자들이 포진한 투자 생태계다. 보통 스타트업은 종자 단계seed stage(제품 출시 이전이나 초기 프로토타입 공개 단계)-초기 단계early stage(시장 반응을 얻고 회사의 규모가 커지며 빠르게 성장하는 단계)-후기 단계later stage(M&A나 IPO가 기대되며 큰 규모의 투자유치가 성사되는 성장 후기 단계)-스타트업 졸업(M&A나 IPO 후 상장 기업으로 변모) 등의 단계를 거치며 성장해간다. 실리콘밸리에는 각 성장 단계마다 고르게 투자를 해주는 엔젤투자자와 벤처캐피털(이하 VC) 등 투자회사들이 수천 개 이상 있다. 초기 투자는 수천만~수억 원 선에서 출발하지만 스타트업 성장 단계에 따라 수천억 원에서 수조 원까지 투자 규모가 커지기도 한다. 실리콘밸리에는 페어차일드 반도체Fairchild Semiconductor 등이 태어나 성장하기 시작한 1960년대부터의 성공 경험이 쌓여 있으므로, 다른 나라가 하루 아침에 따라가기 어렵다.

드물게 외부 투자를 전혀 받지 않고 자체 자금으로 성장한 스타트업도 있다. 이런 경우를 부트스트랩Bootstrap 스타트업이라고 한다. 하

지만 스타트업 간의 경쟁이 격화되면서 이런 사례는 갈수록 드물어
지고 있다. 스타트업이 경쟁사보다 먼저 제품을 개발해 시장을 선
점하거나, 전 세계로 확장하기 위해서는 VC 등으로부터 외부 투자
를 받는 것이 반드시 필요하다. 그렇지 않으면 비슷한 모델을 들고 나
와 더 큰 자금을 유치한 경쟁사에게 밀려 도태되기 때문이다.

VC 역시 스타트업에 투자를 하기 위해서는 먼저 자금을 끌어 모
아 펀드를 결성해야 한다. VC펀드에 투자하는 주체를 리미티드 파트
너스Limited Partners(이하 LP)라고 부른다. LP는 자산이 많은 개인일 수
도, 대기업일 수도, 국부 펀드의 형태로 정부일 수도, 아니면 연기
금 같은 공공기금일 수도 있다. VC는 여러 LP로부터 투자금을 받아
서 펀드를 조성하여 스타트업에 투자한다.

VC는 펀드를 운영하면서 사무실 등 운영을 위해 매년 운용 수수
료로 2퍼센트를 가져간다. 그리고 남은 금액을 가지고 좋은 스타트
업을 찾아내 투자하고 지분을 받는다. 펀드의 운용 기간은 보통 5년
이며 연장할 경우 10년까지다. 이 기간 동안 투자한 포트폴리오 기
업이 좋은 가치로 '엑싯Exit(M&A나 IPO를 통한 투자회수)' 하면 투자수익
의 20퍼센트를 VC가 가져가고 나머지 80퍼센트를 LP에게 돌려준다.

은행과 VC의 차이는 뭘까? 은행은 보통 기업에 담보를 잡고 돈
을 빌려준다. 기업이 망해도 큰 손해는 보지 않는다. 하지만 기업이 잘
된다고 해서 이자수익 외에 추가적으로 얻는 이익도 없다. VC는 담
보 없이 돈을 투자하고 그 기업의 지분을 가져간다. 투자한 기업이 망

하면 투자금을 모두 날린다. 하지만 기업이 큰 성공을 거두면 투자한 지분만큼의 이익을 창업자와 같이 챙긴다. 말 그대로 '모험자본 Venture Capital'인 것이다.

하이 리스크, 하이 리턴: 홈런을 노린다

실리콘밸리에서는 보통 VC가 투자한 포트폴리오 기업의 3분의 1은 망하고, 3분의 1은 본전만 유지하고, 3분의 1에서 수익을 거둔다고 한다. 성공한 기업에서 수익을 내 나머지 손실분을 메꿔야 하는 것이다. 그래서 VC의 투자 성향은 은행이나 일반적인 펀드와는 다르다. 홈런을 노린다. 망할 것 같더라도 터지면 장외홈런이 나올 수 있는 대박을 꾀하는 것이다. VC는 그래서 "절대로 망할 리 없는 안정적인 비즈니스 모델을 통해 적당한 마진을 남겨서 당신의 투자금을 두 배로 불려드리겠습니다"라고 말하는 안정지향적인 스타트업을 원하지 않는다. 초기에 소소한 수익을 남기기보다는 적자가 나도 괜찮으니 성장에 집중하는 회사를 찾는 것이 실리콘밸리 VC의 투자 전략이다. 당장 투자금을 두 배로 불려줄 회사보다는 10년이 걸려도 좋으니 투자금을 최소 10배 이상으로 불려줄 '대박' 회사를 찾는다. 대신 실패할 가능성도 높다. VC는 이처럼 고위험을 감수하는 대신 고수익을 올릴 수 있는 '하이 리스크, 하이 리턴 High risk, high return' 투자를 추구하는 것이다.

그렇다면 될 성싶은 떡잎을 일찍 발굴해서 잘 성장하도록 적절히 자금을 투자해주고 필요하면 M&A나 IPO가 잘 이루어지도록 도와주는 생태계의 존재가 중요하다. 특히 초기일수록 스타트업이 실패할 확률이 더 높아지는 것을 생각하면 더 그렇다. 스타트업의 성장 단계에 따라 적절한 투자와 코칭을 해줄 수 있는 경험을 가진 사람들이 포진해 있는 것이 실리콘밸리가 가진 경쟁력의 원천이다.

실리콘밸리의 창업사관학교

최근 10년 사이 실리콘밸리에서는 '액셀러레이터'라는 새로운 투자 프로그램도 생겨났다. 그 시초 격인 와이콤비네이터는 '실리콘밸리의 현자'라고 불리는 창업자 폴 그레이엄Paul Graham이 2005년 실리콘밸리의 중심인 마운틴뷰에서 시작했다. 액셀러레이터는 일종의 실리콘밸리 창업사관학교, 스타트업계의 하버드다. 와이콤비네이터는 1년에 딱 두 번, 일정 숫자의 스타트업을 서류전형 및 면접을 통해 선발한다. 처음에는 10개 안팎이었는데 지금은 전 세계에서 한 시즌에 스타트업 약 200개를 선정한다. 선발된 스타트업들은 우선 와이콤비네이터로부터 한화로 1억 원이 조금 넘는 초기 투자금을 받고 지분 4~5퍼센트를 내준다. 그리고 3개월간 창업자들과 핵심 부서가 실리콘밸리로 이주해 와이콤비네이터 파트너들의 멘토링을 받으면서 고객이 원하는 제품을 개발하는 방법과 성장을 가속화하는 방법을 배운다.

3개월 과정을 마친 스타트업은 마지막으로 '데모 데이Demo Day' 행사를 통해 와이콤비네이터가 초대한 실리콘밸리의 주요 투자자들 앞에서 3~4분간 사업 모델을 발표할 기회를 갖는다. 일종의 졸업식인 동시에 다음 단계 추가 투자 확보를 위한 피칭 자리가 된다. 와이콤비네이터는 이런 식으로 지난 10여 년간 2000여 개 스타트업에 투자하여 실리콘밸리에서 일종의 '스타트업 감별사' 역할을 해냈다. 에어비앤비, 드롭박스, 스트라이프 등이 와이콤비네이터 출신 유니콘 스타트업이다.

와이콤비네이터 이후 이들의 모델을 따라 전 세계에 많은 액셀러

©Kevin Hale

실리콘밸리의 대표적 액셀러레이터, 와이콤비네이터 스타트업 창업 준비생들에게 프로토타입 발표회에 대해 설명하는 와이콤비네이터의 설립자 폴 그레이엄의 모습.

레이터들이 생겨났다. 한국에서는 스타트업 액셀러레이터로 프라이머, 스파크랩스 등이 가장 잘 알려져 있다.

규제 고삐 풀어야 '유니콘'이 달린다

2014년부터 전 세계적인 스타트업 붐이 일어나면서 투자가 활발해지기 시작했다. 예전에는 엔젤투자자나 VC만 주로 스타트업에 투자했지만 이제는 투자 소스가 무척 다양해졌다. 우선 대기업들이 자체 펀드를 만들어서 직접 투자에 나서고 있다. 구글벤처스, 삼성벤처투자 같은 유형이다. 이것을 CVC Corporate Venture Capital이라고 한다. 이제 웬만한 대기업들은 미래를 대비하기 위해 스타트업에 투자하는 것이 상식이 됐다. 그리고 상장기업이나 인프라 프로젝트, 대형 빌딩 등에 투자하던 사모펀드·헤지펀드 등의 대형 투자자들이 비상장 스타트업에도 눈을 돌리기 시작했다. 예를 들어 한국의 파이낸스센터 빌딩을 투자 자산으로 소유한 싱가포르투자청 GIC은 2018년 송금 앱 토스로 유명한 한국의 스타트업 비바리퍼블리카에 투자했다. 이외에도 액셀러레이터, 크라우드 펀딩, 블록체인의 ICOInitial Coin Offering(가상화폐공개, 사업자가 블록체인 기반의 암호화폐 코인을 발행하고 이를 투자자들에게 판매해 자금을 확보하는 방식) 등 다양한 투자 방법이 나오면서 스타트업 입장에서는 투자금을 얻을 수 있는 방법이 다양해졌다. 그렇게 자금 투자가 풍부해지고 큰 투자가 늘어난 결과 스타트업의 몸값이 천정부지로 올라가기 시작했다. 그리하여 '유니콘' 스타트업이 등장했다.

2013년 실리콘밸리 카우보이벤처스의 에일린 리는 블로그에 "유니콘 클럽에 오신 것을 환영합니다"라는 포스팅을 올렸다. 그가 "M&A 나 IPO 이전에 기업가치가 10억 달러(약 1조 1000억 원)에 도달한 스타트업을 전설 속 동물의 이름을 따서 '유니콘'으로 부르겠다"고 적은 것이 이후 전 세계 스타트업 업계의 가장 뜨거운 유행어가 됐다. 자신이 투자한 회사 중에 유니콘 스타트업이 탄생하게 만드는 것이 모든 VC의 꿈이다.

2011년부터 2015년 말까지는 '유니콘 전성시대'라 할 정도로 스타트업 생태계가 전반적으로 과열 상태였다. 이 거품이 꺼질 것이라는 지적이 나오기도 하고 에버노트Evernote처럼 '데드 유니콘'이라는 조롱을 들으며 추가 투자유치에 어려움을 겪는 유니콘도 나타났다. 비즈니스 모델이 약하거나 과도한 기대를 받았던 스타트업이 고비를 맞은 것이다. 하지만 2016년에 잠깐 주춤했던 유니콘 스타트업 증가세는 다시 확대되기 시작해 2019년 4월을 기준으로 340여 개가 됐다(CB인사이트 집계 참조). 이중 절반 가까운 기업이 미국에 있고 3분의 1은 중국에 있어, 미국과 중국이 경쟁하는 양상이다. 특히 인공지능, 자율주행차 개발 등의 붐으로 큰 투자가 늘어나면서 유니콘 스타트업은 계속 증가하고 있다. 약 100조 원 규모의 거대한 벤처펀드를 조성한 소프트뱅크Softbank나 중국의 텐센트Tencent, 알리바바 같은 회사들의 통 큰 투자 덕분이다. 〈뉴욕타임스〉의 보도에 따르면 예전에는 극히 드물었던 10억 달러 이상 규모의 벤처 투자 건이 2017년에는 273건, 2018년은 7월까지 268건에 달했다. 산업 지형도를 바꿀 혁신 기업들이 속속 탄생하고 있다는 얘기다.

이런 글로벌 유니콘 스타트업의 대표 선수 같은 회사가 바로 우버다. 우버는 100조 원이 넘는 기업가치로 2019년 5월 상장한다. GM, 포드 등 글로벌 자동차 회사의 가치를 훨씬 상회한다.

우버는 창업자 트래비스 캘러닉Travis Kalanick이 파리 출장에서 택시가 잘 안 잡혀 고생한 경험을 살려서 개발한 승차 공유Ridesharing 앱이다. 2009년 샌프란시스코에서 시작한 우버 서비스는 처음에 스마트폰으로 호출하면 검은색 리무진 차량이 오는 승차 서비스를 제공했다. 이제는 일반인이 자가용으로 승차 서비스를 제공하는 방식으로 성장해 지금 6대주 700여개 도시로 확장됐다. 택시 면허가 없어도, 콜 단말기나 내비게이션이나 미터기를 마련하지 않아도, 스마트폰 우버 앱 하나만으로 택시 영업이 가능한 시대를 만든 것이다. 물론 전 세계 곳곳에서 택시 회사의 반발이 드셌지만 높은 고객 편의성 덕분에 자리를 잡았다.

흥미로운 것은 서비스 혁신이다. 우버 요금은 시간대에 따라 다르다. 보통 시간대에는 택시 요금의 절반 수준이 되기도 하지만 러시아워에는 2~5배까지도 오른다. 목적지 방향이 같은 사람끼리 합승해서 요금을 나눠 낼 수도 있다. 수요와 공급을 실시간으로 따져서 가격에 즉시 반영한다.

'유니콘 스타트업', 우버의 택시 호출 화면

우버의 진짜 가능성은 빅데이터에 있다. 전 세계 700개 도시에서 매일 수만, 수십만의 운전자가 수백만 명의 고객들에게 우버 서비스를 제공한다. 우버는 세계 곳곳에서 사람들이 이동하는 경로를 손바닥 보듯이 들여다보고 있다는 이야기다. 이 서비스를 통해 쌓은 수많은 데이터는 자체로 자산이 된다. 이 빅데이터를 바탕으로 최적의 경로를 계산해내고, 우버이츠UberEATS라는 음식배달 서비스에 응용하기도 했다. 우버와 비슷한 승차 공유 스타트업들이 전 세계 곳곳에 생겨나 우버 못지 않은 유니콘 기업이 됐다. 중국은 디디추싱滴滴出行이 석권하고 있으며 동남아는 그랩Grab, 인도는 올라Ola 등의 회사가 비슷한 서비스로 급성장 중이다.

한편 한국 스타트업이 처한 상황은 어떨까? 한국의 스타트업 생태계도 최근 4~5년간 비약적인 발전을 했다. 중소기업 벤처부가 집계한 연도별 벤처투자금액 내역을 보면 2013년 1조 3845억 원이 투자되었던 것이 2018년은 3조 4000억 원이 투자됐다. 두 배 넘게 증가한 것이다. 쿠팡, 배달의민족, 직방, 마켓컬리 등 이제는 대중에게 친숙해진 성공적인 스타트업도 많이 등장했다.

이렇게 투자가 확대되고 유망 스타트업이 늘어난 것은 정부의 노력 덕분이 크다. 사실 실리콘밸리를 모방하고자 하는 많은 나라들은 벤처투자가 부족해 어려움을 겪는 일이 많다. 벤처 생태계가 잘 발달되지 않은 나라에서 초기 스타트업들은 투자자가 부족해 투자를 유치하기 어렵고, 운 좋게 투자를 받아 성공을 거두더라도 상장을 하거나 대기업에 인수합병되는 사례가 드물다. 벤처 투자자 입장에서는 자금 회수가 어렵기 때문에 공격적인 투자를 꺼리게 되고, 투자가 줄어들면 회수도 더욱 어려워지는 악순환이 반복된다.

이런 문제를 해결하기 위해 한국 정부는 중소기업청 산하에 한국벤처투자라는 회사를 설립하여 LP 역할을 자처했다. 한국의 많은 VC들은 한국벤처투자의 종잣돈을 받아서 펀드를 설립했고, 그 덕분에 벤처투자가 늘어났다. 하지만 VC가 정부의 돈을 받다보니 아무래도 안정적인 수익률 위주로 투자하고, 고위험 고수익 투자에 선뜻 뛰어들기 어렵다는 비판이 있었다. 그래서 중소기업청에서 새롭게 만든 프로그램이 팁스TIPS다. 이 프로그램에 등록된 초기 VC는 1억 원을 투자하면 정부가 R&D 자금 5억 원을 지원해준다. 추가로 마케팅 비용 4억 원을 더 투자받을 수도 있다. VC 입장에서는 1억 원을 투자해서 6억~10억 원의 투자 효과를 얻을 수 있는 것이다. 벤처투자에 대한 전문성이 부족한 정부가 VC 역할을 대신해 직접 투자하기보다는 안목을 갖춘 유명한 VC들이 투자 대상을 선정하면 후방에서 자금을 지원하는 형태로 바꾼 것이다. 2014년 이후 500개 이상의 많은 스타트업이 이 팁스의 도움으로 성장했고, '팁스의 지원을 받으면 괜찮은 스타트업'이라는 공감대도 생겨났다. 팁스는 사실 1990년대 말 이스라엘의 투자 프로그램에서 아이디어를 얻은 것이다. 이제 이스라엘 정부는 완전히 손을 뗐고 민간 차원에서 자생적으로 스타트업 생태계가 돌아가고 있다. 한국 스타트업 생태계도 이 단계까지 갈 수 있을지 주목된다.

한편 한국에서 여전히 스타트업 성장의 걸림돌로서 지목되는 것은 규제다. 어떤 영역을 완전히 금지한 법 조항 때문에 아예 시작도 못하거나 본격적으로 성장을 하려고 하면 촘촘한 규제가 나타나는 경우가 빈번하다. 예를 들어 전 세계적으로 유니콘이 쏟아져오는 승차 공유 영역은 한국에서는 자가용의 유상운송을 전면 금지한 여객자동차운수사업법 때문에 관련 기업이 나오기 어렵다. 출퇴근 시간에는 카풀을 허용한다든지, 11인승 이상 렌터카의 대리기사를 통한 운송은 허용한다든지 하는 법의 일부 조항을 이용해 새로운 시도가 일어나는 정도다. 그나마 기득권의 반대 때문에 쉽지 않다. 원격진료가 금지된 디지털 헬스케어 분야나 규제가 촘촘하고 가이드라인이 많은 핀테크 영역도 어려움을 겪고 있다.

스타트업 생태계 활성화의 조건

———

스타트업 생태계가 활성화되려면 몇 가지 조건이 필요하다. 호주의 크로스로드Crossroads 보고서는 창업을 장려하는 사회 분위기, 경험 많고 성공한 창업가의 지도, 우호적인 규제 환경, 상호협력적 비즈니스 문화, 잘 알려진 성공 케이스와 롤모델, 위험에 관용적인 문화, 활용 가능한 자본시장, 풍부한 기술인력의 존재 등을 그 조건으로 제시했다. 한국 스타트업 생태계는 이 조건에 잘 부합하고 있을까?

스타트업 불모지에 가까웠던 5년 전과 비교하면 희망적인 몇 가지 신호가 있다. 우선 초기 투자회사가 굉장히 많아졌다. 팁스 프로그램이 등장한 뒤로 스타트업이 투자받을 수 있는 기회가 늘었다. 연쇄 창업자serial entrepreneur 출신으로 초기 투자회사를 만든 본엔젤스 장병규 파트너나 이니시스 창업자 권도균 프라이머 대표, 다음 공동창업자 출신 이택경 매쉬업엔젤스 대표처럼 적극적으로 투자와 함께 스타트업 멘토로 나서는 분들도 많아졌다. 변변한 투자회사가 없던 대전 카이스트 근처에도 카이트창업가재단, 블루포인트파트너스 등 경험 있는 스타트업 초기투자사들이 생겨서 활발히 투자하고 있다.

또한 좋은 인재들도 스타트업 생태계로 들어오고 있다. 명문대·대기업 출신 인재들의 스타트업에 대한 관심이 높아졌다. 명함관리 앱 '리멤버'로 유명한 드라마앤컴퍼니나 신선식품 배송을 전문으로 하는 마켓컬리 등은 맥킨지, 베인앤드컴퍼니bain & company 등 글로벌 컨설팅 회사 출신의 인재들이 창업했다. 카이스트, 포항공대, 유니스트, 광주과학기술원 등 연구 중심 대학 출신 인재들이 창업한 기술 중심 스타트업도 꾸준히 늘고 있는 추세다.

5년 전만 해도 거의 없었던 창업 공간도 확대되었다. 실리콘밸리는 창업에 관심 있는 사람들이 만나서 교류하는 공간이 많은 데 반해서 한국은 그런 공간이 부족했으나, 다행히 4~5년 전부터 강남 테헤란로를 중심으로 '디캠프' '스타트업 얼라이언스' '마루180' '구글 캠퍼스 서울' '팁스타운' 등의 공간이 생겨났다. 이들 공간에서는 거의 매일같이 스타트업과 관련된 데모데이, 강연, 토론이 열린다. 2년 전부터는 '위워크' '패스트파이브' '스파크플러스' 등의 공유 오피스가 테헤란로를 중심으로 서울 전체로 확산되며 스타트업을 빨아들이고 있다.

그리고 또 하나의 중요한 청신호는 해외 VC의 움직임이다. 실리콘밸리 VC로서 10년여 전부터 한국에 들어와 활발하게 투자하고 있는 알토스벤처스Altos Ventures는 한국 스타트업 생태계에 좋은 자극을 주고 있다. 알토스벤처스는 코리아벤처펀드를 만들어 쿠팡, 배달의민족, 직방, 비바리퍼블리카 등 유망 스타트업을 일찍 발굴해 투자하고 세콰이어Sequoia, 골드만삭스Goldman Sachs 등 해외 투자자들을 유치해오는 역할을 하고 있다. 이 밖에 일본의 글로벌브레인 Global Brain도 한국 스타트업에 적극적으로 투자하고 있다.

앞서 말했듯 대기업들도 스타트업에 관심을 보이며 투자를 늘리고 있다. 삼성전자는 C랩이라는 프로그램을 만들어 사내 벤처를 육성해왔다. C랩 출신의 하드웨어 스타트업으로 '이놈들연구소' '링크플로우' '망고슬래브' '스케치온' 등이 주목을 받고 있다. C랩은 최근에 프로그램을 확장해 삼성 외부의 스타트업에 대한 지원도 늘리고 있다. GS홈쇼핑, 롯데, 아모레퍼시픽 등도 스타트업 지원 프로그램을 확장해가고 있다.

하지만 스타트업 생태계의 선순환을 만들기 위해서는 아직 과제도 많다. 규제 환경, 위험을 감수하는 문화, 자본시장의 고도화는 아직 갈 길이 멀다고 생각한다. 특히 규제 문제는 앞서 언급한 것처럼 새로운 스타트업 성장에 걸림돌이 되고 있다. 실리콘밸리에서 M&A가 활발하게 일어나는 이유는 치열한 경쟁 때문이다. 스타트업이 나중에 자사를 위협할 수준으로 성장하기 전에 인수해버리는 대기업도 많다. 하지만 한국에서는 각종 규제로 인해 스타트업이 대기업과 경쟁할 정도로 성장하는 것 자체가 어렵다. IPO까지 가는 과정도 험난하고, 상장을 한다고 해도 코스닥은 미국의 나스닥과 비교하면 미미한 규모다. 실리콘밸리로 직접 진출해 투자를 유치하는 것도 현실적으로 쉽지 않다.

결국 정부에서 스타트업에 투자하라고 말로만 등을 떠밀 것이 아니라, 정부가 시키지 않아도 대기업이 그렇게 할 수밖에 없는 환경을 만들어야 한다. 이런 환경이 조성되지 않으면 많은 스타트업이 새롭게 도전하지 않고 정부 프로젝트만으로 근근이 연명해가는 '좀비 벤처'로 전락할 수도 있다.

14

—

블록체인

—

블록체인이라는
신뢰 시스템

—

김종환
블로코 공동 창업자·상임고문

—

세계 각국의 정부 기관과 글로벌 금융 그룹의 초미의 관심사로 떠오른 블록체인 기술. 계약, 결제, 거래, 게임·콘텐츠 산업 등 다양한 분야에서 활용 가능한 블록체인 기술의 현황과 전망을 살펴본다.

김종환

블로코 공동 창업자이자 상임고문. 하지만 본인은 블록체인 업계 '고인물'로 불리길 원한다. 연세 대학교 법과대학에서 처음 비트코인을 만나 거래소 사업을 시작하게 되었으며 처음 창업한 BTC Korea를 이른 시기에 매각하고 두 번째 블록체인 스타트업인 블로코에서 대표직을 수행하다 가 지금은 은퇴 후 산업을 위한 제반 활동에 전념하고 있다. 대통령 직속 자문위원회인 4차산업 혁신위원회의 산업경제분과 위원, 과학기술정보통신부 블록체인 전문 위원, 금융위원회 블록체 인 준비 TF 등에서 국내 블록체인 생태계를 위해 노력하고 있는 탈중앙화 'Peer' 중 하나다.

지난 2018년, 세계경제포럼에서는 2027년까지 전 세계 GDP의 10퍼센트가 블록체인을 기반으로 저장되고 움직이게 될 것이라는 전망을 내놓은 바 있다. 시장 규모로 추산하면 경㉿ 단위다. 해외 거대 금융그룹들과 정부기관들 사이에서도 블록체인 기술은 초미의 관심사로, 이들은 직접 블록체인 기술의 작동 방식과 발전 양상을 연구하고 지켜보는 중이다.

반면 우리 현실에서는 '그래서 어떤 코인을 사야 좋을까?'에 관심이 쏠려 있는 듯하다. 블록체인에 관한 이야기는 많이 나오지만 아직 일반인 차원에서나 정부 차원에서나 블록체인이 무엇인지, 코인은 무엇인지, 어떤 가치가 있고 우리가 어떤 부분을 조심해야 하는지 정확히 아는 사람은 많지 않다. 기대가 과도한 데 비해 아직 실용적인 담론은 부족한 상태다.

블록체인의 진짜 가치

블록체인을 둘러싼 요즘 상황은 닷컴버블 초창기를 떠올리게 한다. 한때 '코리아'나 '서울' 등 지명이나 몇몇 고유명사를 이용한 도메인이 초고가에 거래되던 시기가 있었다. 누군가가, 혹은 정부가 이 도메인을 비싼 가격에 사가리라는 기대심리에서 비롯된 해프닝이다. 정부기관이 닷컴 도메인을 쓰지 않는다는 사실조차 모르는 사람이 부지기수였기 때문에 벌어진 일이다. 물론 당시의 파편적인 정보와 사고로는 한 치 앞을 예측하기도 어려웠을 것이다. 그러나 다행스럽게도 우리는 인터넷과 스마트폰이 초기의 기대와 우려, 혼란을 딛고 안정적으로 정착하여 인류의 삶의 질을 향상시키는 과정을 이미 목격했다. 이 경험을 바탕으로 더 유연하고 담대하게 기술이 가져올 미래를 상상할 수 있게 되었다.

블록체인이 왜 실리콘밸리에서 주목을 받고 있을까? 블록체인은 궁극적으로는 머신러닝과 지향점을 공유하는 기술이다. 그 지향점이란 관리자 없이도 완벽하게 규정에 따라 운영되는 인공지능 시스템을 만드는 것이다.

블록체인 기술을 간단히 설명하자면, 여러 대의 컴퓨터가 서로 데이터를 동기화하면서 항상 동일한 데이터를 공유할 수 있도록 만드

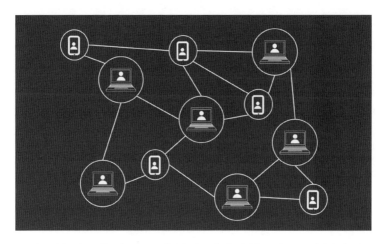

블록체인 기술 거래에 참여하는 모든 사용자가 거래 내역을 열람할 수 있도록 투명하게 기록하고, 여러 대의 컴퓨터에 이를 복제하여 저장하는 분산형 데이터 저장 기술. 거래가 발생할 때마다 모든 사용자들이 정보를 공유하기 때문에 개별 사용자가 임의로 기록을 변경하거나 위조할 수 없는 구조로 되어 있다. 가상 통화, 온라인 결제, 인증 등 다양한 분야에서 활용할 수 있다.

는 기술이다. 이를 통하면 여러 사람들이 서로 데이터를 교환하거나 공유할 때, 제3자의 동의나 보증이 없어도 서로 신뢰할 수 있다. 바로 여기에 블록체인의 가치가 있다.

인터넷 세상의 거래는 왜 불안전한가

나는 엔지니어 출신이 아니고 법을 전공했다. 하지만 내가 블록체인을 빠르게 이해할 수 있었던 까닭은 법학도였기 때문이라고 생각한다. 법학의 관점에서 가족관계를 비롯한 사회 안의 모든 인간관계는 일종의 계약으로 정의할 수 있다. 계약 내용을 바탕으로 누구의 말이 옳은지 시시비비를 따지는 학문이 곧 법학이다. 정보통신 기술이 발달하기 이전 시대의 사람들은 계약의 존재를 입증하기 위해 크게 두 가지 방법을 썼다. 첫 번째 방법은 이해관계에서 자유로운 제3자를 보증인으로 내세우는 것이다. 두 번째 방법은 석판처럼 절대 위·변조가 불가능한 곳에 계약 내용을 적어두는 것이다. 그런데 정보통신 기술의 발달과 함께 이 고전적인 방법은 한계에 다다랐다. 인터넷은 정보 복제와 재전송에 최적화된 네트워크다. 모든 것을 복제할 수 있는 시대가 오자 계약서가 진본인지, 위·변조 및 오염이 되지 않았는지 검증하기가 매우 어려워졌다. 여기서 발생하는 문제를 풀기 위해 등장한 기술이 바로 블록체인이다.

엄밀히 따지면 블록체인은 인터넷의 하부 프로토콜이기 때문에 인터넷과 일대일로 놓고 비교하기는 어렵다. 하지만 탄생 배경이 비슷해서 자주 비교 대상이 되곤 한다. 인터넷의 전신은 미국이 군사적 목적으로 만든 아르파넷ARPAnet이다. 한국에서는 1982년 전길남 카이스트 명예교수가 서울대 연구소와 구미 한국전자기술연구소를 연결하는 데 성공하면서부터 인터넷의 역사가 시작됐다. 전 교수가 공개한 프로토콜에 기반하여 이후 천리안·나우누리·하이텔 같은 PC통신 서비스가 시작되었다. PC통신 시기에는 천리안 사용자가 하이텔 게시물을 볼 수 없었다. 월드와이드웹www으로 통합된 지금의 인터넷에서는 상상도 못할 일이다.

블록체인도 이와 굉장히 유사한 과정을 거치며 발전하고 있다. 앞서 설명한 것처럼 블록체인은 여러 대의 컴퓨터에 데이터를 동기화하는 과정에서 데이터를 안정적으로 유지하는 기술이다. 2008년 사토시 나카모토라는 가명을 가진 프로그래머가 '비트코인'이라는 전자화폐를 내놓으면서 급속도로 확산됐다. 신뢰성 여부가 매우 중요한 '화폐'를 가지고 블록체인의 투명성과 안정성을 실현해 보인 것이다. 지금 블록체인 시장은 마치 PC통신 시대처럼 저마다 자신의 블록체인을 만들어서 내놓는 양상이다. 인터넷 발전사와 비교하여, 앞으로 표준화 및 통합 단계를 거쳐 새로운 네트워크가 구축될 것이라고 내다볼 수도 있을 것이다.

더 빠르게, 더 투명하게, 더 안전하게

블록체인은 여러 분야에서 반드시 필요한 기술이다. 예컨대 자율주행차를 상용화하려면 암호화통신 기술이 필수적이다. 자율주행차의 경우 짧게는 초 단위로 인증서를 갱신해야 할 필요가 있다. 우리가 모바일뱅킹용 공인인증서를 1년에 한 번씩 갱신하는 것과 비교하면 어마어마한 트래픽이 발생하는 셈이다. 심지어 10초 단위로 갱신되는 데이터를 여러 지역의 데이터 센터가 서로 공유하면서 정확하고 믿을 만한 정보인지 확인해야 한다. 블록체인 기술 없이는 이 문제를 풀기 어렵다.

예전에는 인터넷에서 계약을 맺으면 중간에 정부기관이나 PG Payment Gateway (온라인 결제대행)와 같은 중앙화된 청산기구의 데이터베이스를 통해 이러한 데이터를 보관했다. 이런 시스템은 필연적으로 안정성에 한계가 있다. 데이터베이스가 한 곳에 집중되어 있다는 것은 그만큼 관리자 한 명에게 많은 권한이 부여돼 있다는 의미이기도 하다. 우리는 이미 관리자가 금융·의료·교통 등의 데이터를 유출시킨 사례를 많이 보아왔다. 클라우드 서비스 역시 해킹이나 관리자의 정보유출 같은 범죄에 취약하다는 단점이 있다.

반면 블록체인은 권한이 분산돼 있으며 이 권한을 임의로 변경하기 어렵기 때문에 상대적으로 안전하다. 블록체인은 엄밀히 말하면 데이터베이스 그 자체가 아니라 '누가, 어디에 있는 데이터를, 어떻게 찾고 보관하게 될 것인가'에 관한 이념 논쟁에 가깝다. 블록체인은 대용량의 데이터를 저장하는 스토리지 용도로 사용하기에는 고비용 저효율의 시스템이다. 로컬 스토리지나 클라우드에 저장되는 데이터는 기술적으로 구조가 취약하다. 그러나 시스템을 통해 블록체인에 '오늘 수집한 개인정보는 3년 뒤에 자동으로 폐기한다' 같은 관리 규정을 프로그래밍해 놓는다면 안전성이 매우 높아진다. 관리자 권한이 없는 사람은 이 규칙을 절대로 바꿀 수 없으며, 권한을 가진 관리자 가운데 한 명이 이 규칙을 마음대로 바꿀 수도 없다. 비트코인을 비롯한 거의 모든 '정상적인' 블록체인 시스템에서는 모두 일정한 수준 이상의 참여자가 동의를 해야만 규정을 변경할 수 있다는 안전장치를 마련해놓았다. 그러므로 블록체인의 가치는 기본적으로 운영 규정에 동의하는 사람들이 많을수록 커지게 마련이다. 하지만 관리자들 간의 담합 가능성도 여전히 위험 요소로 남아 있으므로, 블록체인에 관한 사회적 모니터링은 지속적으로 필요하다.

블록체인은 '제2의 인터넷 혁명'이다

블록체인은 실제로 시장에서 어떻게 자리 잡고 있을까? 현재 블록체인 기술은 금융업계 인증 분야에서 주로 쓰인다. 여기에는 한국적 특수성도 작용하고 있다. 한국은 '인증 공화국'이라 할 만큼 공인인증서를 널리 사용해왔던 터라 인증 이슈에 관한 토양이 잘 형성되어 있다. 많은 금융기관 및 공공기관들은 위험요소가 많은 공인인증서 대신 암호학적으로 안정성이 높은 인증 방식을 도입하는 데 관심이 높다. 블록체인 기반 인증 시스템이 활성화되기 좋은 조건을 갖추고 있는 것이다.

인터넷을 처음 사용할 때 사람들은 제일 먼저 메일주소부터 만든다. 인터넷상에서의 '나'를 규정하는 데 우선 필요한 것이 이메일 주소이기 때문이다. 인증 분야에서 블록체인의 역할도 이와 비슷하다. 개인에게 고유한 키Key를 할당해주는 방식이기 때문이다. 기업들은 일단 인증 분야에 투자해서 고객의 개인정보와 개인 키를 매칭해놓고, 블록체인을 활용한 유망한 서비스가 나왔을 때 본격적으로 뛰어든다는 전략을 세우고 있다. 앞으로 블록체인이 전자청약·계약·결제 뿐 아니라 사물인터넷이나 인공지능과도 연계될 것이라는 전망이 나 오고 있어 업계의 관심과 기대가 높다.

사실 업계에 몸담고 있으면 변화가 항상 단계적으로 나타나지는 않 는다는 생각이 들 때가 있다. 초창기 인터넷을 견인한 온라인 채팅, 게 임, 온라인 게시판 등의 서비스는 모두 인터넷의 가장 중요한 요소 는 아니었다. 그러나 인터넷 채팅을 하다가 온라인 게임이 나왔고 이 어 홈페이지와 블로그가 성장했다. 관심사가 비슷한 사람들이 모이 는 카페가 생기고 카페에서 거래가 이루어지면서 온라인 마켓이 등 장했다. 결국 전자결제 시스템이 탄생하고, 이와 함께 비즈니스 공 간이 열렸다. 인터넷은 계획과 실행 단계를 거쳐 정석적으로 발전해 왔다기보다는 사소하고 주변적인 서비스들이 인간의 원초적인 욕 구를 자극하면서 파괴적으로 다른 시장들을 바꿔나간 덕에 발전 할 수 있었다. 대부분의 사람들이 외면했던 작은 가능성을 믿고 초창 기에 뛰어든 넥슨 같은 기업이 인터넷 시장을 확장한 것이다.

물론 블록체인 기술을 더 많은 분야에 활용하기 위해서는 넘어 야 할 산이 아직 많다. 단순히 기존 시스템에 블록체인을 더하는 것 만이 아니라, 비즈니스 전반에 걸친 혁신을 꾀해야 한다. 실제 활성화 로 이어지려면 이용자들에게 지금 있는 것을 능가하는, 매력적인 이 점을 제공해야 한다.

물류 분야도 앞으로 블록체인 기술이 적용될 수 있는 분야로 자주 언급된다. 그런데 실제로 접목하려면 현실적인 어려움에 맞닥뜨릴 수밖에 없다. 예컨대 내가 물류코인을 만들어서 가락시장 상인들에게 보급한다고 생각해보자. 그동안 '현찰 박치기'로 거래해온 상인들에게 코인을 사용하라고 설득하는 작업이 굉장히 어렵지 않겠나. 쓸 줄도 모르고 익숙하지도 않으니, 왜 써야 하는지 납득시키기 어려울 것이다. 기업은 블록체인 도입 과정에서 발생하는 교육 및 재사회화 비용도 반드시 고려해야 한다.

블록체인과 플랫폼 비즈니스

그렇다면 해외 기업은 이런 난제를 어떻게 해결하고 있을까? 몇 가지 사례를 살펴보자. 전기차 시장은 스마트 기술에 거부감이 적은 사람들이 주 소비층이라는 장점이 있다. 이들은 이 점을 활용해 주유소에 비해 충전소가 한참 부족하다는 전기차의 단점을 극복하고자 했다. 미국 테슬라 자동차는 전기차 구매자에게 통신 기능이 있는 가정용 충전기를 지급했다. 이 충전기를 블록체인으로 연결하고 전기코인을 발행했다. 비트코인 열풍이 한참 불었을 때 사람들이 자발적으로 그래픽카드를 사들여서 비트코인을 채굴했듯이, 돈을 벌고 싶은 전기차 이용자들은 자기 집 마당에 기꺼이 충전기를 설치했다. 테슬라는 이용자들에게 가까운 충전소의 위치를 알려주는 소프트웨어를 제공하고 추가 충전소를 짓는 비용을 절약한 것이다.

독일의 자동차 부품 기업 지에프ZF, 기술개발 기업 이노지 이노베이션 허브innogy Innovation Hub, 스위스 UBS은행의 컨소시엄 역시 '자동차 전자 지갑Car eWallet 프로젝트'를 통해 전기코인이라는 새 시장을 열었다. 이 시스템에서 전기차는 일종의 앱스토어가 된다. 전기차로 카 셰어링을 하면 전기 사용료, 운전자의 마진을 계산하고 거래하는 일이 전기코인을 통해 이루어진다.

일본 토요타 자동차는 여기서 더 나아가서 2018년 CES Consumer Electronics Show(소비자 가전 전시회)에서 상업용 전기 자율주행차 e-팔레트e-Palette를 선보였다. 자동차 안에 판매 공간이 갖춰진 일종의 이동식 점포다. 인터넷으로 옷을 주문한 뒤 내가 직접 옷을 입어볼 수 있게 자동차가 집 앞까지 와준다면 사람들은 굳이 옷가게에 갈 필요가 없을 것이다. 토요타는 e-팔레트가 활성화되면 부동산 가격이 내려갈 것으로 보고 있다. 바로 이 e-팔레트에 탑재되는 결제망을 관리하는 데 블록체인 기술이 활용된다.

누구나 코인을 만들어서 팔 수 있다면

또다른 블록체인 활용 사례로는 일본의 밸유VALU를 꼽을 수 있다. 코인과 블록체인을 연계해 활용하는 서비스라는 점에서 참고할 만하다. 사실 코인과 블록체인은 이메일과 인터넷처럼 떼려야 뗄 수 없는 관계다. 하지만 한국 정부는 자꾸 두 개를 분리해 개발하려고 한

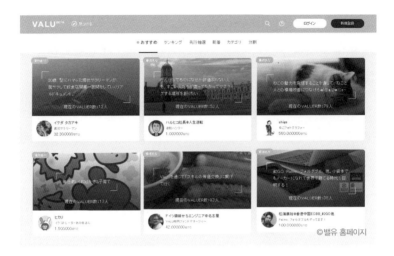

개인 가상화폐 공개 서비스 밸유 가상화폐를 통해 개인의 가치를 거래할 수 있는 서비스. '스스로를 상장하라'라는 홍보 문구를 내걸고 2017년 5월 일본에서 출시되었다. 개인이 사업 코칭, 메이크업, 캐릭터 디자인 등 다양한 역량을 기반으로 가상 주식을 발행하고, 이를 가상화폐로 교환할 수 있다.

다. 나는 밸유처럼 코인과 블록체인을 융합하여 활용하는 서비스가 더 전망이 밝다고 본다.

밸유는 누구나 블록체인 코인을 만들어서 팔 수 있게 해주는 서비스다. 코인 구매자는 코인에 명시된 '약속'을 보고 자신이 원하는 코인을 구입한다. 예를 들어 워런 버핏Warren Buffett이 "내 코인을 100개 가진 사람과 점심식사를 해주겠다"라면서 코인을 발행한다면 '워런 버핏 코인'의 가치는 엄청나게 오를 것이다. 실제로 일본에서는 소속사 없이 활동하는 아이돌이 밸유에서 자신의 코인을 발행해 악수회 참가권, 사인 CD 등과 교환하기 시작했다. 그러자 인디 음악 레이

블도 밸유에 들어와 음원 유통에 뛰어들었다. 만화가들이 신청을 받아 연하장 그림을 그려주기도 했다. 이런 서비스가 선풍적인 인기를 끄는 것이 일본 정부 입장에서는 이해가 잘 가지 않았을 것이다.

밸유의 오가와 고헤이 대표는 "임금은 3차 산업시대의 개념"이라고 주장한다. 그동안 비슷한 교육 수준의 노동자는 비슷한 양을 생산하고, 비슷한 임금을 받아왔다. 그러나 4차 산업혁명 시대에는 똑같은 업무를 하더라도 누가 하느냐에 따라 시장가치가 엄청나게 차이 난다. 경력이 비슷한 만화가라도 1시간 분량의 작업물이 갖는 가치는 천차만별일 수 있다. 4차 산업혁명 시대는 한 사람이 생산해내는 부가가치가 엄청나게 커서 수천 명을 먹여 살리는 시대다. 이런 사회에서 과거의 임금 개념에 매달리는 것은 창작물의 가치를 저평가하는 일이라는 게 밸유 대표의 생각이다.

나 역시 이런 견해에 깊이 공감한다. 편의점 아르바이트를 콘텐츠로 방송을 하는 유튜버가 있다. 편의점 아르바이트를 하면서 유튜브에 영상을 올리는데, 최근에는 편의점 관리자로 채용됐다. 편의점 창업을 고민하는 사람을 위해 컨설팅을 해주기도 한다. 나는 이 유튜버가 4차 산업혁명 시대의 신新메이커나 '마이스터(장인)'라고 생각한다. 똑같은 편의점 아르바이트라도 자부심을 가지고 일하면서 새로운 부가가치를 창출하는 사람에게 훨씬 큰 대가가 주어지는 것이 합리적이지 않은가?

앞서 인터넷의 발전 과정을 설명하면서 사람의 원초적인 욕망과 맞닿아 있는 영역에서부터 시장의 변화가 시작된다고 이야기한 바 있다. 마찬가지로 한국에서 블록체인 기술을 접목하고자 하는 시도가 먼저 일어난 곳은 사교육 분야였다. 그동안 학생들 사이에서 인터넷 강의 파일을 불법 공유하는 일이 지극히 자연스럽게 이루어져왔고, 적발하더라도 대부분이 미성년자라 처벌도 어려운 것이 현실이었다. 그래서 한 인터넷 강의 업체에서 '수능 100일 전 스타강사 족집게 특강' 같은 강좌를 100명 한정으로 판매하려 시도한 일이 있었다. 특정 토큰을 보유한 사람만 특정 모바일 기기에서 볼 수 있는 강의였다. 현행법에 저촉되어 실행에 옮기지는 못했지만 재밌는 발상이었다고 생각한다. 앞으로도 불법복제나 강사와 학원 간의 수익 분배 문제 등 인터넷 강의 시장에서 일어날 수 있는 문제를 해결하는 데 블록체인 기술이 상당한 역할을 할 수 있을 것으로 기대한다.

콘텐츠 산업 속으로 스며드는 블록체인

—

블록체인 열풍 속에서 블록체인을 전혀 신뢰하지 않던 사람이 어느 날 블록체인 전문가가 돼 있고, 블록체인을 왜 써야 하냐고 반문하던 기업에서 갑자기 자문하러 와달라고 하기도 한다. 하지만 왜 블록체인인가에 대한 명확한 답을 제시하는 서비스는 많지 않다. 아직 시장이 넓어지는 과정이기 때문이라고 생각한다. 그러나 이제는 투자받은 회사들이 무언가를 보여주어야 하는 단계에 접어들었으므로, 앞으로는 많은 결과물이 쏟아질 것으로 기대한다.

블록체인은 디지털화가 진행된 영역일수록 더 빠르게 스며들 것이다. 광고, 멀티미디어, 음원 유통, 게임 등이 대표적인 분야다. 투자의 효율성을 정확히 측정하는 일은 광고업계의 오랜 숙제 중 하나였다. 페이스북이나 유튜브가 기존 광고 플랫폼보다 명확한 수치를 보여주면서 새로운 광고매체로 부상했듯이, 블록체인도 비슷한 역할을 할 것으로 보인다. 또한 지금 콘텐츠 생산자와 플랫폼 사이의 수익 분배 문제도 블록체인을 통해서 더 정확하고 투명하게 해결될 수 있다. 한류, K-POP 열풍이라고들 하지만 실제로는 제작자보다 콘텐츠를 유통하고 광고를 붙이는 사람들이 돈을 버는 형국이다. 콘텐츠 제작자들은 이런 시스템이 불만스러울 것이다. 블록체인이 도입되어 수익 분배 구조가 투명해지면 창작자들에게 좀 더 합당한 보상이 돌아가리라고 기대한다. 현재는 유명 유튜버에게 간접광고PPL를 요청하는 모든 과정이 이메일을 통해 이루어진다. 수익이 어떻게 분배되는지 전혀 디지털화된 자료가 없으므로 광고주 입장에서는 정확한 정보를 얻기가 어렵다. 블록체인이 이 분야에서 디지털화된 시장을 만들어낸다면 성공 가능성이 높다고 본다.

밸류의 사례에서 보듯이 블록체인은 개인 단위의 프로젝트 파이낸싱을 가능하게 한다. 크라우드 펀딩과도 비슷하지만 특정 프로젝트가 아니라 '사람'에 투자한다는 점에서 더 장기적이다. 블록체인을 통해 투자를 받은 유명인들은 자신의 가치가 떨어지지 않도록 건강, 이미지, 커리어를 꾸준히 관리할 것이다. 투자자들도 자신이 투자한 유명인의 가치를 높이기 위해서 끊임없이 조언을 해주는 순환이 이뤄진다. 마치 자신이 투표한 연습생을 계속해서 응원하게 되는 〈프로듀스 101〉과 비슷한 심리랄까. 물론 이 순환이 계속 이어질 수 있게 하려면 이른바 '먹튀'를 방지하는 운영 정책이 필수적이다. 실제로 밸류에서는 수십만 명의 투자자를 보유한 유튜브 크리에이터가 60억 원을 모금하고 약속을 이행하지 않는 사건이 일어나기도 했다.

미디어 영역에서 블록체인을 적극적으로 활용하는 기업 중 하나가 디즈니다. 디즈니는 저작권 침해에 민감한 회사로 잘 알려져 있다. 개봉일을 앞두고 각 배급사에 미리 영상 파일을 넘겨주는 방식을 사용하면 파일이 한 번 유출됐을 때 확산을 막기가 어렵다. 그래서 디즈니는 '디즈니 메인 서버 기준으로, 특정한 시간에, 권한을 가진 사람이 승인했을 때에만 파일을 받을 수 있다'는 식의 규정을 블록체인에 프로그래밍하는 방식을 택했다.

옵스킨OPSkin이라는 전 세계에서 가장 큰 블록체인 기반의 게임 아이템 거래소는 게임과 관련된 토큰을 만들어 경매에 붙이는 시스템을 채택하고 있다. 한국에서도 블록체인 기술을 활용한 게임이 등급심사 보류 중이라고 한다. 정부에서는 블록체인이라고 하면 사행성을 먼저 우려하는 것 같다. 하지만 이미 '아이템베이'에서 보듯 게임 아이템이 거래의 대상이 된 지 오래고, 확률형 아이템 등 기존 게임 역시 어느 정도의 사행성을 동반하고 있다. 오히려 게임에 블록체

©왁스 홈페이지

옵스킨이 선보인 블록체인 기반의 분산형 게임 아이템 거래소 왁스WAX 홈페이지에는 아이템 거래 내역이 실시간으로 표시된다.

인을 활용하면 확률형 아이템의 발생 확률을 정확하게 프로그래밍 할 수 있기 때문에 광고한 것보다 더 낮은 확률로 아이템이 나오는 등의 조작 행위를 막을 수 있다.

이처럼 블록체인은 활용 가능성이 무궁무진한 기술이다. 다만 디지털화가 어려운 영역에는 당장 도입되기 어려울 것이다. 예컨대 공장 자동화 영역에 블록체인을 접목하려면 인터넷 연결 문제와 데이터 보안 문제를 해결하는 것이 우선이다. 의료 영역 역시 진료 데이터는 개인정보 문제가 있어서 접근이 어렵기 때문에 주로 의약품 유통 분야에 블록체인을 활용하려는 시도가 이루어지고 있다. 현실적으로 데이터에 접근하기 쉽고 디지털화가 이미 상당히 진척된 영역부터 블록체인이 도입될 것으로 보인다.

시스템이 '신뢰'를 대체한다면
—

블록체인은 신뢰가 필요 없는 시스템이다. 기존에 프로그래밍된 규칙대로만 운영된다. 규칙에 동의하는 사람만 생태계에 뛰어든다. 규칙에 어긋나는 일은 일어날 수 없기 때문에 책임질 사람도 없다. 이것은 기술적인 측면만이 아니라 사회학적으로도 중요한 의미를 지닌다. 사회의 기존 시스템에서는 사람이 규정에 따라 운영하는 과정에서 간간이 실수가 발생한다. 그러나 블록체인은 정교한 규정을 지니고 있으면서 사람 없이 운영되는 시스템이다. 이제는 이 두 가지 시스템 가운데 하나를 선택하는 시대가 열렸다. 이것은 개선이 아닌 혁신이다. 나는 '한 번 사용한 사람들이 다시는 예전으로 돌아가지 못하느냐'라는 기준에 부합하는 것이 혁신이라고 본다. 스마트폰으로 웹서핑을 해본 사람은 다시는 '네이트'나 '매직엔' 같은 서비스를 쓰지 못한다. 마찬가지로 블록체인으로 ICO 자금을 모으면서 효율성을 체감한 기업은 계속 이 방식을 이용하려고 한다.

그러므로 4차 산업혁명에서 블록체인의 가능성을 특정 산업 분야에만 국한하여 생각하지 말아달라는 당부를 꼭 하고 싶다. 비트코인 시장이 비정상적으로 과열되면서 사행성에 대한 우려가 있는 것도 사실이지만 전기를 이용해 도박장을 운영하는 사람이 있다고 해서 전기를 사용하지 못하게 하지는 않듯이, 선입견을 버리고 분야별로 정확한 진단과 처방을 해야 할 시점이다.

신기술의 등장은 항상 이념 논쟁을 불러왔다. 핵 기술은 어느 수준까지 사용되어야 하는지, 인터넷상의 표현의 자유는 어디까지 보장되어야 하는지 등 아직도 많은 부분에서 우리는 합의점을 찾고 있고 시대가 바뀌면 처음부터 논의를 다시 해야 할 때도 있다. 데이터베이스가 처음 시장에 등장했을 때, 시중 은행에서는 집금이나 전표 작성 등 값싼 인건비로 처리할 수 있는 일에 왜 비싼 컴퓨터와 인터넷을 투입해야 하는지 의문을 제기하기도 했다. 오늘날의 은행을 떠올려보면 어떤가. 기술을 받아들이지 않는 '쇄국'은 이념 논쟁에서 한 순간도 정답이었던 적이 없다. 그렇다고 해서 블록체인이 반드시 사회의 탈집중화를 가져올 것인지는 장담하기 어렵다. 모든 사람들이 탈집중화를 원하는 것도 아니고, 개인이 원한다고 해서 선택할 수 있는 문제도 아니다. 결국은 인터넷 발전 과정과 비슷하게 블록체인도 집중화와 탈집중화 사이 적당한 지점에서 각 영역별로 다양한 생태계를 구성하지 않을까 추측한다.

15

—

4차 산업혁명

—

O2O 시대의
도래

—

이민화

KAIST 기술경영전문대학원 겸임교수

—

4차 산업혁명은 단순한 기술의 혁명이 아니라 '인간과 사회'의 혁명이다. 온라인과
오프라인의 융합은 경제, 정치, 사회 전반에 어떤 영향을 끼칠까? 4차 산업혁명을
목전에 둔 우리가 새롭게 정립해야 할 사회 철학은 무엇일까?

이민화

서울대학교 전자공학과에서 학사를, KAIST에서 전기 및 전자공학으로 석사 및 박사 학위를 받았다. 1985년 한국 벤처의 효시라 할 수 있는 의료기 벤처기업 메디슨을 설립했다. 산업계 최고 훈장인 금탑산업훈장과 한국경영자 대상을 수상했고 한국을 일으킨 엔지니어 60인, 한국의 100대 기술인 등으로 선정되었다. KAIST 기술경영전문대학원 겸임교수, 창조경제 연구회 이사장, 벤처기업협회 명예회장을 지냈다. 저서로는 《협력하는 괴짜》, 《스마트 자본주의 5.0》(공제),《기술의 대융합》(공제) 등이 있다.

4차 산업혁명은 인간과 사회의 혁명이라는 점에서 기술 중심의 기존 산업혁명과 차원을 달리한다. 많은 사람들이 4차 산업혁명을 빅데이터·인공지능·사물인터넷 등의 도입으로 인한 기술혁명으로 생각하고 있지만, 이는 단순한 관점이다. 개별 기술들은 4차 산업혁명의 도구일 뿐 본질이 아니다. 인간을 중심으로 현실offline과 가상online이 순환하며 현실을 최적화하는 'O2O Offline to Online 융합 혁명'이라는 점이 4차 산업혁명의 핵심적 특성이다.

4차 산업혁명의 키워드는 '융합'

4차 산업혁명은 과학기술, 인문, 경제사회가 초융합 하는 형태로 나타날 것이다. 과학기술 분야에서는 온라인과 오프라인의 융합, 인문 분야에서는 기술과 인간의 융합, 경제사회 분야에서는 생산과 소비의 융합이 일어난다. 이 세 분야에서 일어나는 융합이 다시 한번 초융합하는 '초생명 사회holocracy'가 곧 4차 산업혁명 사회다.

세 분야(과학기술, 인문, 경제사회)의 융합 가운데 먼저 과학기술의 융합에서 나타나는 현상은 시간, 공간, 인간의 디지털화다. 이제 방송국이 정한 편성표는 크게 의미가 없다. 시청자가 보고 싶은 시간에, 보고 싶은 순서대로 방송을 본다. 또한 냉장고에서 식재료를 꺼내서 요리하듯이 클라우드에 저장된 빅데이터를 꺼내서 인공지능 알고리즘으로 가공하면 넷플릭스처럼 시청자에게 맞춤형 콘텐츠를 추천하는 서비스도 가능하다. GPS 기술은 공간과 개인을 융합하고, IoT 기술과 웨어러블 장비는 사람과 사물을 융합한다. 인간과 인간은 소셜 네트워크로 연결되어 있다.

현실 세상은 희소성의 원칙이나 소유권이 지배한다. 그러나 디지털화된 세상에서는 이런 것들이 그다지 중요하지 않다. 디지털 정보는 복제와 변형이 쉽고 공유될수록 더 큰 힘을 발휘하기 때문이다. 이미 시작된, 그리고 다가올 세상은 아날로그와 디지털이(디지로그), 데이터와 사물이(IoT), 제품과 서비스가 (Product Service System, PSS), 현실과 가상이 (Cyber Physical System, CPS), 오프라인과 온라인이 결합하는 세상이다.

전혀 다른 두 분야가 융합하면서 갈등과 혼돈이 생겨나지만, 새로운 비즈니스의 가능성이 열리기도 한다. 가장 대표적인 예가 내비

게이션이다. 오프라인의 교통체계와 똑같은 디지털 세상을 만들어서 그 안에서 편집 및 복제를 통해 현실 세계의 교통을 예측하고 최적의 맞춤형 경로를 찾아준다. 온라인과 오프라인의 융합 덕분에 우리는 시간과 에너지를 절약한다. 현실 세계에서 데이터를 얻어 클라우드에 쌓고, 그 데이터를 인공지능이 분석하면 공장·학교·병원 등 우리 삶의 곳곳에서도 이와 비슷한 최적화가 가능해진다. 컴퓨터 기술의 발전, 인공지능 알고리즘, 오픈소스 소프트웨어로 인해 정보를 수집하고 저장하고 처리하는 비용이 획기적으로 낮아졌기 때문에 가능해진 일이다.

이제 기업에게 가장 중요한 일은 제품을 파는 것이 아니다. 온라인과 오프라인을 연결해 고객의 시간을 더 많이 장악하는 것이 목표다. 현재 '유니콘'으로 불리는 기업가치 1조 원 이상의 스타트업을 살펴보면 대부분 이런 분야에서 사업을 펴나가고 있다. 그러나 아직까지도 많은 기업들은 제품 위주의 사고에서 벗어나지 못하고 있다. 품질을 극대화하기 위해서는 많은 노력을 기울이지만 제품이 팔린 뒤에는 크게 신경 쓰지 않는 게 대부분 한국 기업의 현주소다. 반면 미국의 중장비 생산업체 캐터필러Caterpillar는 생산하는 중장비에 IoT 센서를 부착하여 배터리 교체 시기를 미리 알려주는 '사전 서비스' 시장을 창출해냈다. 당장 눈에 보이는 고장이 없더라도 위험을 예측하고, 장비를 가장 효율적으로 쓸 수 있게 돕는다. 독일 지멘스Siemens 사는 모든 공장 운영을 온라인으로 통제할 수 있도록 시스템을 바꾸어 불량률을 낮추고 에너지 비용 또한 30퍼센트가량 절감했다. 중국의 핀테크 업체 알리바바는 8000만 명의 결제 정보에서 얻은 빅데이터를 바탕으로 대출 심사에 걸리는 시간을 획기적으로 줄였다. 앞으로는 모든 기업이 이들처럼 데이터를 쌓고 분석하고 새로운 가치를 창출하는 데 힘을 기울여야 한다.

이렇듯 데이터 발생, 수집, 저장, 분석, 서비스까지의 과정이 O2O 혁명의 핵심이다. O2O 혁명이 가능하려면 오프라인 세상을 디지털화하는 '6대 디지털화 기술'이 필요하다. 시간은 클라우드와 빅데이터로, 인간은 웨어러블 기기와 SNS로, 공간은 IoT와 GPS로 각각 디지털화가 가능하다. 이렇게 만들어진 디지털 데이터를 인공지능으로 가공하여 다시 현실세계에서 활용하려면 아날로그화 기술이 필요하다. 서비스 디자인, 3D 프린터, 게임화, 플랫폼, 증강·가상현실, 블록체인과 핀테크 기술을 대표적인 기술로 꼽을 수 있다. 이렇게 온라인과 오프라인 세상이 인공지능을 매개로 연결되고 순환하면서 더 나은 세상을 만들어가는 것이 O2O 융합의 과정이다.

호모 모빌리언스의 등장

과학기술 분야에서 O2O 융합이 일어나면서, '호모 모빌리언스'로 불리는 신인류가 등장했다. 개인은 스마트 기기를 통해 '슈퍼맨'이 된다. "지금 나에게 무엇을 물어보더라도 1분 이내에 대답할 수 있다"

고 말하는 이가 있다면 20년 전에는 아무도 믿지 않았을 것이다. 하지만 지금은 누구도 놀라지 않는다. 누구나 스마트폰으로 정보를 검색할 수 있는 시대이기 때문이다.

또한 개인은 소셜 네트워크를 통해 연결되어 창조성과 집단지성을 발휘한다. 이 두 가지를 합해, 집단생명화된 슈퍼맨들을 호모 모빌리언스라고 부른다. 기계와 생명의 가장 큰 차이는 홀론holon 현상이다. 기계는 부분과 전체가 다르지만 생명은 부분이 곧 그 자체로서 전체가 되기도 한다. 예컨대 탁월한 외모를 가진 배우의 체세포 60조 개 가운데 1개만 분석해도 우리는 그 외모의 비밀을 알아낼 수 있을 것이다. 생명은 부분이 전체를 반영하기 때문이다. 집단화된 인류인 호모 모빌리언스도 마찬가지로 생명과 비슷한 속성을 지닌다. 인간이 네트워크로 연결된다는 것은 개인의 소멸이 아닌 개인의 확장을 의미한다. 개개인의 생각이 연결되고, 집단지성이 발휘되면서 창조성이 증폭된다. 여기에 더해 인공지능까지 융합한다면 '집단 융합 지능'도 가능해진다.

4차 산업혁명, 놀면서 일한다

4차 산업혁명이 경제사회에 미치는 영향을 살펴보자. 먼저 생산 측면에서는 비내구재 및 고급 서비스 분야에서 생산성이 높아질 것이다. 이런 초생산성 사회에서는 불필요한 노동이나 소비가 줄어든다. 우버의 등장으로 샌프란시스코 지역의 자동차 판매량이 줄어든 것이 대표적인 예다. 하지만 이러한 긍정적 측면 외에 4차 산업혁명으로 인공지능이 인간을 대체하면서 일자리가 사라지는 것 아니냐는 우려가 많다. 2016년 세계경제포럼이 내놓은 〈직업의 미래〉 보고서에는 4차 산업혁명으로 인해 2020년까지 일자리 700만 개가 사라질 것이라는 관측이 담겼다. 비슷한 비관론이 곳곳에서 나온다. 우리는 인공지능에 맞서 현대판 러다이트 운동을 벌여야 할까? 하지만 그 전에 정말로 4차 산업혁명 때문에 일자리가 줄어드는 것인지를 먼저 짚어보아야 한다.

일자리를 줄이는 주범은 기술혁신이 아니다. 기술혁신으로 생산성이 높아지면 시장의 수요도 같이 증가한다. 역사를 되짚어보면, 기술이 파괴한 일자리를 인간의 욕망이 새롭게 창출해왔음을 알 수 있다. 미국에서 약 100여 년간의 실질실업률을 조사해보니 실업률의 변화는 없었다는 결과를 얻었다. 1차 산업혁명 이전에는 농업인구가 90퍼센트를 차지했지만 1차 산업혁명을 거치면서 대부분 제조업 인구로 대체되었다. 2차, 3차 산업혁명 시기에도 비슷한 현상이 일어났다. 4차 산업혁명 시기에는 어떤 분야가 새로운 일자리를 만들어낼까?

1, 2차 산업혁명으로 인간은 생존 욕구와 물질적 욕구를 해소했다. 3차 산업혁명으로는 연결이라는 사회적 욕구를 충족시켰다. 이제 4차 산업혁명을 통해서는 자기표현 및 자기실현의 욕구를 충족시키는 경제구조로 갈 것이다. 인공지능은 인간과 경쟁하는 관계가 아

니다. 단순 작업은 인공지능이 맡고, 인간의 창조성이 발휘되는 영역에서 새 일자리가 나올 것이다. 여가시간이 늘면 각자의 취향과 정체성에 맞는 독특한 경험을 즐기고자 하는 수요가 늘어난다. 이는 과거 가내수공업의 소량 맞춤과는 근본적으로 다른 '소셜 맞춤' 현상이다. 3D 프린터, 오픈소스 소프트웨어, 인공지능, VR 등의 첨단 기술에 힘입어 맞춤형 서비스를 제공하는 데 필요한 비용이 점차 낮아지고 있다. 이런 세상에서는 기술이나 자본보다 아이디어가 훨씬 중요해진다. 3D 프린터가 있으면 원하는 조각상을 만들기 위해 직접 조각을 배우거나 장인을 찾아갈 필요가 없다. 유저들의 창작 과정 역시 완전한 무에서 유를 창조하는 것이 아니라 수많은 사람들이 인터넷에 공개해놓은 도면 등을 활용하는 방식으로, 즉 집단지성에 나의 아이디어를 결합하는 방식으로 이루어진다.

이런 사회에서는 노는 게 일이고 일이 곧 노는 것이 된다. 게임, 취미, 여행, 예술 같은 개인의 놀이 문화가 DIY의 확산으로 새로운 시장이 된다. 재미는 없이 의미만 추구하면 탈진하고, 의미 없이 재미에만 탐닉하면 사회와 멀어진다. 그래서 호모 파베르(의미를 추구하는 인간)와 호모 루덴스(재미를 추구하는 인간)가 융합한 '호모 파덴스'가 등장한다. 기술 발전에 힘입어 의미 있는 목표에 재미있게 도전할 수 있는 인간형이 나타나는 것이다.

진짜 문제는 소득 불균형

4차 산업혁명 시기 경제 분야의 가장 시급한 과제는 분배 문제를 해결하는 것이다. 한국은 단기간에 소득 불균형이 심각해졌다. 1995년에는 상위 10퍼센트의 소득이 국민 전체 소득 가운데 29퍼센트를 차지했다. 그러나 불과 25여 년 만인 2010년에는 44퍼센트로 증가해 미국 다음으로 세계에서 가장 불평등한 나라가 됐다. 또 통계청 자료에 따르면 1980년대 후반만 하더라도 한국은 중소기업(직원 수 10인 이상 300인 미만)과 대기업(직원 수 300인 이상) 사이에 급여 차이가 작은 편이었으나, 지금은 2배가량 차이가 벌어졌다.

자본주의의 역사를 살펴보자. 생산만을 중시했던 자유방임주의적 자본주의 경제 하에서 소비시장이 사라지자 곧 공황이 찾아왔다. 공황 이후 정부의 역할을 강조하는 케인스주의가 등장했다가 다시 시장을 강조하는 신자유주의 바람이 불었다. 신자유주의의 폐해가 드러나자 요즘은 시장과 정부가 융합하고 협업하는 이른바 '자본주의 4.0(칼레츠키주의)'이 논의되는 상황이다. 가치 창출에만 주목한 자본주의는 양극화되고, 가치 분배에만 주목한 자본주의는 황폐화되었다. 역사적으로 단일 고리 해법은 실패했다.

그렇다면 이제 양극화의 문제는 어떻게 풀어야 할까? 일자리 및 생산 문제는 시장에서의 혁신으로, 분배 문제는 복지로 풀어야 한다. 시장에 의한 1차 분배와 정부에 의한 2차 분배의 간극을 줄이기 위한 노력도 필요하다. 대한민국을 포함한 모든 나라는 1차 분배만으로 지속 가능한 사회를 만들 수 없다. 정부가 나서서 세금을 걷고 복지 정책을 통해 2차 분배를 실시해야만 그 사회는 지속 가능해질 수 있다. 일자리 부족은 기술혁신 때문이 아니라 2차 분배가 제대로 작동하지 않아서 생기는 소비 부족 문제가 핵심이라고 보는 학자들도 있다. OECD 국가들을 비교해보면 한국은 1차 분배는 다른 나라와 비슷한 수준인데 2차 분배가 취약한 편이다. 허약한 분배 구조는 미래 사회의 가장 큰 리스크가 될 수 있다. 효율적인 분배 구조를 만들기 위해서는 경제 분야와 마찬가지로 거버넌스 분야에서도 빅데이터를 기반으로 한 거대 플랫폼을 만들고 그걸 인공지능을 이용해 해석하여 현실에 최적화하는 작업이 필요하다.

권력이 분산되는 투명한 사회

빅데이터를 이용하려면 신뢰라는 사회적 자산이 먼저 확보되어야 한다. 빅데이터를 지닌 쪽이 '빅 브라더'로 돌변할 가능성이 언제나 도사리고 있기 때문이다. 옛날에는 정보를 한 곳에 집중해서 보관하고 비밀을 유지하는 구조가 안전하다고 생각했다. 그러나 해킹 기술이 발전하면서 분산된 구조가 더 높은 안전성을 보장해주고 있다. 세계경제포럼에서 4차 산업혁명의 승자라고 꼽기도 한 블록체인이 대표적인 예다. 블록체인은 거래 기록을 여러 곳에 분산하여 저장하는 구조다. 해커 입장에서는 동시에 모든 분산처를 해킹해야 하기 때문에 침투하기 어렵다. 기존 중앙집중형 시스템에 비해 효율성, 보안성, 시스템 안정성, 투명성 등이 뛰어나 높은 신뢰를 얻고 있다. 2015년 세계경제포럼에서는 2023년부터 각국 정부가 블록체인으로 세금을 거두고 2027년에는 전 세계 GDP의 10퍼센트가 블록체인으로 저장되리라는 전망을 내놓았다.

4차 산업혁명의 여파로 경제사회에서 관치금융이 쥐고 있던 권력이 분산되는 한편, 정치사회에서도 시민 참여가 훨씬 늘어날 것으로 보인다. 디지털 기술의 발달로 의사결정 과정에 드는 비용이 제로에 가까워지기 때문이다. 에스토니아가 2005년 세계 최초로 전자투표를 도입한 이래로 투표율을 높이고 선거 비용을 줄이고자 각국에서 전자투표 시스템을 갖추고 있다. 시스템 개편으로 직접민주주의적인 요소가 늘어나면 정당 역시 다수의 의견을 대표하는 역할보다는 개개인에게 맞춤형 제안을 해주는 역할로 변모할 것으로 보인다.

성장은 분배를 위해, 분배는 성장을 위해

지금까지 살펴본 4차 산업혁명 사회의 모습은 이렇다. 과학기술은 O2O 최적화로 초생산 시대를 열고, 인간은 호모 모빌리언스로 진화하고, 경제 및 정치 분야는 신뢰에 기반해 권력이 분산되는 사회로 변모한다. 그렇다면 마지막으로 이 전체를 떠받칠 철학이 있어야 한다. 성장과 분배는 섞어놓으면 혼돈, 나눠놓으면 대립으로 보인다. 지금 우리 사회에는 성장과 분배의 '선순환'이 필요하다.

선순환 구조를 이끄는 철학으로는 기업가 정신을 대표격으로 꼽을 수 있다. 피터 드러커가 제시한 경영 부등식을 살펴보면 제품의 가치Value에서 제품의 원가Cost를 뺀 만큼이 기업이 우리 사회에 만드는 가치다. 제품의 가치에서 제품의 가격Price을 빼면 소비자 이익이고, 제품의 가격에서 제품의 원가를 빼면 생산자 이익이다. 이렇듯 기업 활동은 그 자체만으로도 항상 더 많은 사회적 후생을 가져온다. 기업가 정신을 바탕으로 새로운 기회를 발굴하고 핵심 역량을 갖추어 가치를 창출하고, 다시 이 가치가 정의롭게 분배되는 선순환을 이루어야 한다. 성장은 분배를 위해, 분배는 성장을 위해 상호의존적으로 존재해야 하는 것이다. 부가가치를 창출하고 분배하는 과정이 기업의 목표가 되어야 하고, 기업의 평가 기준도 매출액이나 자산 규모가 아닌 부가가치 중심으로 바뀌어야 한다.

이렇게 생산된 가치를 어떻게 순환시킬 것인가? 우선 투명한 사회 구조를 갖추는 것이 첫 번째이고, 그다음으로는 일종의 사회적 자산 은행social asset bank처럼 사회에서 적극적으로 가치를 창출하고 분배하는 기업이 더 높은 가치를 얻는 선순환 구조를 만들어야 한다. 소셜 네트워크로 개인이 긴밀하게 연결된 사회에서는 명예가 곧 가치다. 어느 기업이 자발적으로 기부했다는 사실에 많은 사람들이 주목하면 새로운 사회적 자산을 얻을 수 있는 것처럼 말이다.

지금까지의 논의를 종합해 4차 산업혁명에 성공적으로 적응하기 위한 몇 가지 제언을 하고 싶다. 가장 중요한 첫 번째 과제는 탈규제, 데이터 개방을 통한 융합 촉진이다. 알고리즘과 빅데이터는 인공지능 기술을 뒷받침하는 두 축이다. 알고리즘은 전 세계적으로 개방하고 공유하는 추세이기 때문에, 결국 승부처는 빅데이터다. 그런데 한국은 다른 나라에 비해 개인정보 관련 규제가 너무 많다. 규제를 풀지 않으면 알고리즘 개발, 하드웨어 컴퓨팅 파워 분야에 아무리 투자해도 발전하는 데 한계가 있다.

두 번째 과제는 투명한 정치 및 경제 구조를 만드는 것으로, 이를 위해서는 지연·학연·혈연으로 대표되는 '혁신 없는 지대 추구'를 극복해야 한다. 노벨경제학상 수상자인 조지프 스티글리츠Joseph Stiglitz는 서울에서 열린 〈2018 경향포럼〉에서 지대 추구 행위를 "타인을 착취해 이익을 얻는 것"이라고 정의하고 "기업의 시장지배력이 지나치게 강해지면서 노동자에 대한 착취가 발생하고, 이로 인해 불평등이 심화하면서 민주주의까지 약화하는 상황이 벌어지고 있다"고 말한 바 있다. 여러 관계에 따라서가 아니라 능력으로 사람을 대우하고, 이익을 추구해가는 과정에서 노동자에 대한 착취가 발생하지 않는 구조를 정립하는 것이 중요하다.

세 번째 과제는 기업가 정신을 발휘하려다 실패한 사람에게 재도전을 위한 안전망을 제공하는 것이다. 요즘 청년들이 창업에 도전하지 않는다며 개탄하는 목소리가 있는데, 사업을 하다가 망하면 신용

불량자로 전락하고, 법정관리를 졸업해도 신용회복을 못하는 사회에서는 뛰어난 인재들이 위험을 무릅쓰지 않는 것이 당연지사다. 지금 한국 사회는 한 번 엎어진 기업이 일어나기 어려운 구조다. 유럽연합은 중소기업법으로 기업가 정신을 살리고 기업의 재도전을 보장하도록 명시하고 있다.

마지막으로는 원효대사, 퇴계, 율곡 등의 선현과 우리의 전통사상으로부터 영감을 얻어 조화로운 선순환을 추구하는 새로운 사회철학을 정립할 필요가 있다.

혁신의 목격자들

초판 1쇄 발행 2019년 9월 17일
초판 4쇄 발행 2020년 12월 30일

기획 정재승, SK경영경제연구소
지은이 오준호, 임창환, 우운택, 조동우, 선우명호, 장화진, 정재승, 조성배, 정지훈, 이용덕, 이승건,
이상현, 임정욱, 김종환, 이민화
발행인 김형보
편집 최윤경, 박민지, 강태영, 이경란
마케팅 이연실, 김사룡, 이하영
경영지원 최윤영

발행처 어크로스출판그룹(주)
출판신고 2018년 12월 20일 제 2018-000339호
주소 서울시 마포구 양화로10길 50 마이빌딩 3층
전화 070-8724-0876(편집) 070-8724-5877(영업) **팩스** 02-6085-7676
e-mail | across@acrossbook.com

ⓒ 어크로스출판그룹(주) 2019
ISBN 979-11-90030-07-6 03320

이 도서의 국립중앙도서관 출판예정도서목록(CIP)은 서지정보유통지원시스템 홈페이지(http://
seoji.nl.go.kr)와 국가자료공동목록시스템(http://www.nl.go.kr/kolisnet)에서 이용하실 수 있습니
다. (CIP제어번호: CIP2019017967)

만든 사람들

편집 | 박민지
교정교열 | 김정희
디자인 | 김종민